Alimentación sin gluten ni lácteos

MARION KAPLAN

Alimentación sin gluten ni lácteos

¡Salva tu salud!

Prólogo del doctor Bruno Donatini

EDICIONES OBELISCO

Si este libro le ha interesado y desea que lo mantengamos
informado sobre nuestras publicaciones, escríbanos
indicándonos qué temas son de su interés (Astrología,
Autoayuda, Ciencias Ocultas, Artes Marciales, Libros Infantiles,
Naturismo, Espiritualidad, Tradición) y gustosamente le complaceremos.

Puede consultar nuestro catálogo en http://www.edicionesobelisco.com

Colección Salud y Vida Natural
ALIMENTACIÓN SIN GLUTEN NI LÁCTEOS
Marion Kaplan

Prólogo: *Bruno Donatini*

1.ª edición: julio de 2007

Título original: *Alimentation sans gluten ni laitages*

Traducción: *Mireia Terés Loriente*
Fotocomposición: *Text Gràfic*
Corrección: *Aurelia Vigil*
Diseño de cubierta: *Enrique Iborra*

© 2005, Éditions Jouvence
Publicado por Éditions Jouvence, S.A:, Bernex, Suiza
www.editions-jouvence.com
(Reservados todos los derechos)
© 2007, Ediciones Obelisco, S.L.
(Reservados todos los derechos para la presente edición)

Edita: Ediciones Obelisco, S.L.
Pere IV, 78 (edif. Pedro IV) 3.ª planta 5.ª puerta
08005 Barcelona - España Tel. 93 309 85 25 - Fax 93 309 85 23
E-mail: obelisco@edicionesobelisco.com

Depósito legal: B-34.150-2007
ISBN: 978-84-9777-386-7

Printed in Spain

Impreso en España en los talleres gráficos
de Romanyà/Valls, S.A. de Capellades (Barcelona)

Principales siglas utilizadas

ALA   Ácido alfalinolénico
CMI   Complejo emigrante digestivo
DHA   Ácido docosahexaenoico
EPA   Ácido eicosapentanoico
HDL   Lipoproteínas de alta densidad (colesterol «bueno»)
IG   Inmunoglobulinas (actividad anticuerpo)
LDL   Lipoproteínas de baja densidad (colesterol «malo»)
HLA   Antígeno leucocito humano
PG   Prostaglandinas
SGSC   Dieta sin gluten ni caseína

Prólogo del doctor Bruno Donatini

Una cada vez mayor esperanza de vida nos acerca, a un ritmo de cinco meses al año, al límite biológico de supervivencia estimado en ciento veinte años. Dentro de sesenta u ochenta años, el genoma humano frenará bruscamente nuestras esperanzas de longevidad. Todos podremos esperar morir de viejos sin una larga agonía, de forma serena, con la convicción de haber vivido una vida plena. Como solían decir nuestros antepasados: será igual que una vela que se va apagando de manera natural. La terapia de mantenimiento artificial será inútil, por no decir que estará prohibida.

En la actualidad, se trata de vivir hasta los noventa años en las mejores condiciones posibles; éste es un reto tanto sanitario como económico.

Por supuesto, dicha longevidad no se consigue sin respetar unas reglas higiénico-dietéticas mínimas (por ejemplo, nada de tabaco o alcohol, practicar ejercicio, relajarse, etc.). Y como no se puede prohibir todo aquello que limita la duración de la vida, la longevidad acabará siendo, cada vez más, una elección personal en lugar de una decisión colectiva.

Por consiguiente, es absolutamente imposible pretender disfrutar de una vida plena y feliz dentro del marco limitado de cuidados alopáticos que dependen de una cobertura social obligatoria.

Aunque poco importa, porque la alopatía nutre, básicamente, lo curativo. Está atrapada en el engranaje de la industria químico-farmacéutica, en la toxicidad sin responsabilidad y en unos cuidados masivos deshumanizados basados en estadísticas. No puede responder al deseo de vivir bien o más tiempo ni adaptarse a las necesidades particulares de los que gozan de buena salud; sólo persigue la prevención.

La prevención por medio de la educación, los consejos, los autodiagnósticos personalizados y una alimentación cuidada cuentan con el visto bueno de los agentes que tienen una función en la salud: terapeutas, pacientes y organismos habilitados. ¡Es el único futuro posible!

Desde este punto de vista, Marion Kaplan firma un libro práctico, límpido y elegante que trata sobre las principales intolerancias alimentarias. Sigue con su compromiso por la vía preventiva a través de la nutrición.

Este libro va dirigido a todas aquellas personas que deseen vivir bien y por mucho tiempo. También será de gran utilidad a los pacientes desesperados que no cuentan con un diagnóstico preciso, que se reconocerán en los ejemplos y encontrarán una solución.

- ¡Que el incrédulo disfrute de la alopatía colectiva!

- ¡Que el curioso obtenga de este libro nuevos elementos útiles para la salud!

- ¡Porque la salud merece la pena y no es el escarmiento de nadie, que los filtros personales, intuitivos y razonados orienten las elecciones!

Escoge la salud

Poco a poco, un hombre que cada día se nutre de un determinado alimento, acaba siendo modificado por el mismo: los manjares le dan fuerza o le provocan males que no conocía.

Marguerite Yourcenar

Desde que el hombre existe, su mayor reto ha sido, aparte de sobrevivir al entorno, alimentarse. A lo largo de la historia, ha tenido que hacer frente a largos periodos de hambruna. Desde la noche de los tiempos, el cuerpo humano está programado para administrar la ausencia de alimentación dentro de unos límites.

En Occidente, hoy en día, ya no hay que combatir el hambre, sino la abundancia de comida. Ante la plétora de alimentos que llegan desde las cuatro esquinas del mundo, ya no respetamos ni siquiera los productos de temporada.

Esta «libertad» es una trampa muy ingeniosa: ¡eres muy libre de comer carne dos veces al día, tomates o judías verdes en invierno o golosinas a cualquier hora! Lo único que nos obliga a ser razonables con la comida es, por desgracia, la enfermedad.

Seguro que te has dado cuenta, incluso puede que seas una de las personas afectadas, de que sólo aquellas personas que están o han estado enfermas se cuestionan su alimentación. Tocar la alimentación es tocar las tradiciones familiares que, a menudo, se siguen desde hace generaciones. ¡Y todos sabemos lo difícil que es romper con las costumbres!

11

Me acuerdo del día en que cambié el escritorio de lugar y de que, como resultado del cambio, la papelera quedaba ahora al otro lado de la mesa. Supongo que no tengo que explicar que tardé varias semanas en acostumbrarme a tirar los papeles hacia la izquierda y no hacia la derecha.

Si estos gestos tan sencillos ya nos cuestan, es comprensible que alterar los rituales a la hora del desayuno, renunciar a determinados alimentos que nos entusiasman o aprender a apreciar nuevos platos a los que el paladar no está acostumbrado requiere un gran esfuerzo. Las personas con unos kilos de más saben perfectamente de que hablo: se sienten muy frustradas, comen cosas de lo más insípidas, después se vienen abajo y engordan más que antes. Es la famosa dieta «yoyó».

Si un régimen fracasa es porque la persona que lo sigue, en lugar de escuchar a su cuerpo, escucha a los demás, a las revistas, a los médicos, a las amistades. Esa persona cree que el hambre es su peor enemigo y piensa que, si le deja hacer, su cuerpo la traicionará y no sabrá detenerse a tiempo. Sin embargo, confían en él para transpirar, eliminar, digerir y saciar la sed. Esta persona debe aprender de nuevo a observar su cuerpo.

Antes de comer, hazte una pregunta: «¿De verdad tengo hambre?», y presta atención a lo que sientes: ¿una especie de emoción, un vacío? ¿Tienes la sensación de que vas a comer demasiado? Si aplicaras una escala del uno al diez donde el diez fuera un hambre inaguantable, observa qué pasa si esperases llegar a ese punto para comer. Lo ideal es descubrir el momento justo, ése en el que estamos en el mejor momento para comer.

Las personas con tendencia a engordar siempre albergan temores inconfesables. Será necesario intentar identificarlos. Yo, por ejemplo, de joven era bulímica; tenía miedo de que me faltara la comida y comía sin hambre. Cuando fui consciente de mi miedo, pude afrontarlo. Por lo tanto, ayuné durante diez días y no me morí de hambre. Ahora, comer sin apetito me parece un auténtico castigo. Hay tantas personas que comen por costumbre, por emoción, por compulsión... pero son muy pocas las que comen por hambre de verdad. A menudo, comer suele ser una forma de compensar una ausencia o un vacío afectivo.

Un bombón en la boca acalla todas las angustias del mundo. Durante unos minutos, no importa nada más. La dependencia del azúcar, del chocolate, del café o del alcohol esconde una dependencia afectiva, una expectativa (que, a menudo, nos acaba decepcionando); revela falta de amor y de confianza en uno mismo.

Antes de abalanzarte sobre la tableta de chocolate, llega a un acuerdo contigo mismo: «Voy a esperar diez minutos antes de comerme este trozo de chocolate para verificar qué es lo que realmente me aporta. ¿No necesito mucho más una caricia que ese cuadrado de chocolate?». Dependiendo de la respuesta, sabrás qué hacer.

¿Escoges tener una buena salud, confiando en ti mismo y siendo tu propio dueño, o prefieres ceder a tus impulsos animales, cansarte y culpabilizarte de todo? Si eliges la vía de la salud, debes ser disciplinado con todos los alimentos y evitar aquellos que no te aportan nada. Hay personas que son intolerantes al gluten, otras a los lácteos o a la caseína, y otras a los cacahuetes. Si no tienes la «suerte» de ser alérgico, en cuyo caso ya no escoges: son el edema, las espinillas o la crisis de asma, tendrás que enfrentarte constantemente a la elección.

Supongamos que acabas de enterarte de que tu malestar se debe a la intolerancia a los lácteos. Tienes dos posibilidades de reacción: puedes tomarte muy mal tener que eliminar el café con leche de la mañana, los deliciosos quesos y la crema de leche y, víctima de la situación, te rebelas y decides que prefieres estar enfermo antes que renunciar a esas comidas, o puedes llegar a la conclusión de que la salud es tu bien más preciado y optas por cambiar tu alimentación.

Para conocerte mejor, te recomiendo que lleves un «carné alimenticio», donde anotarás todo lo que comes, incluso entre comidas, y lo que bebes aparte de agua. Anota también si tienes hambre antes de las comidas, si has quedado saciado después de comer, si te sientes lleno, cansado. ¿En qué condiciones has comido o cenado? ¿Estabas solo o acompañado? ¿En casa, delante del televisor o en un restaurante? ¿Estabas enfadado y estresado, o estabas de buen humor? A la hora de comer, el estado de ánimo cuenta tanto como lo que comes.

Poco a poco, al ir anotando todo esto, podrás controlar mejor tus sensaciones y tendrás un dominio cada vez mayor de tu alimentación. Antes de ceder a la tentación (algo que suele ser doloroso), lo pensarás dos veces: ¿este bombón o este helado valen esta horrible migraña, este cansancio o incluso este malestar?

La doctora Kousmine solía decirnos: «¡Tu cuerpo es un templo, no dejes entrar a cualquiera!».

Una pequeña historia

Te voy a explicar una historia, mi historia. Empieza de manera banal, como muchas otras: criada con leche de vaca, alimentada a base de hamburguesas y purés, pastas y jamón, quesitos de «La Vaca que Ríe» y postres muy cremosos y pesados, todo esto acompañado por una barra de pan muy crujiente (por la mañana, mojada en el café con leche de siempre), tenía la costumbre, al salir del instituto, de comprar ese maravilloso pan de chocolate que el panadero, muy inteligentemente, sacaba del horno justo al acabar las clases. ¿Cómo resistirse a ese cálido y delicado perfume que el artesano se encargaba de difundir a través del tragaluz para atraer a sus «víctimas»?

Justo ahora empiezo a entender el origen de todos mis problemas de salud.

Cuando tenía un año, no me podían llevar en coche más de media hora sin que vomitara todo lo que había comido, cosa que limitaba mucho los desplazamientos. Era una niña muy irascible y, aunque gozaba de una salud relativamente buena, decían que tenía el hígado delicado. Como siempre estaba estreñida, me daban aceite de ricino o aceite de hígado de bacalao y más tarde, de mayor, siempre me dolía la tripa y alternaba el estreñimiento con las diarreas.

A los diez años, me operaron de urgencia de una peritonitis aguda. Después llegó la adolescencia, con sus intensos cambios hormonales. Engordé, la frente se me llenó de acné y me deprimí. Siempre estaba hinchada. Cada año, en primavera, sufría el ritual de rinitis alérgica, la nariz purulenta y los ojos llorosos. Sin embargo, lo peor era la sensación de estar enferma dentro de una burbuja, como si estuviera detrás de un cristal: el cristal de mis emociones... Experimentaba agotamientos periódicos. Después del café con leche de la mañana, empezaba a verlo todo negro y no tenía ganas de hacer nada, sólo de echarme en el sofá y «gandulear». Hoy lo llamarían pereza...

A los catorce años, tuve la suerte de conocer a alguien que me introdujo en el camino de la salud a través de la alimentación. Desde entonces, no he dejado de investigar y estudiar todo lo relacionado con la salud. No existe dieta que no haya probado: ayuno, vegetarianismo, macrobiótica, instintoterapia, Scarsdale, Mayo, Atkins, Hollywood, Weight Watchers, baja en calorías y muchas más. Como no quería depender de los conocimientos de otros, me formé en numerosas terapias: bioquímica, homeopatía unicista y pluralista, naturopatía, medicina energética, aunque también en otros métodos más psicológicos: «Escucha a tu cuerpo», con la canadiense Lise Bourbeau, la PNL (programación neurolingüística), la biología total con el doctor Claude Sabbah, etc. Todas estas medicinas me hicieron progresar, aunque ninguna me ofreció lo que yo esperaba de ellas. Los mejores médicos intentaron, en vano, solucionar mis problemas. Seguía hinchada, estreñida y deprimida, aunque con breves momentos de respiro. La rinitis alérgica se convirtió en una sinusitis crónica… ¡y no había nada que hacer!

El descubrimiento de la cocción a vapor me alivió las migrañas, redujo el colesterol y mejoró la digestión. Pero todavía quedaban la sinusitis, la hinchazón y la depresión. Sólo me convenía ayunar y hacer monodieta. Entonces tuve un bajón impresionante y me pregunté cómo conseguiría volver a alimentarme con «normalidad».

Lo comprendí hace poco tiempo. Las personas a las que aconsejaba fueron las que me pusieron sobre la pista. Al hacer unas pruebas con un sofisticado aparato electrónico, el DDFAO (Detección y diagnóstico funcional asistido por ordenador), descubrí que se podía ser intolerante al gluten, a la caseína o a ambos. No sabía demasiado bien qué era. Había oído hablar, aunque no demasiado a fondo, de una enfermedad, la *enfermedad celíaca*, que afectaba a un porcentaje ínfimo de personas. ¡No era capaz de imaginarme el desgaste que estas sustancias podían ocasionar!

Sin embargo, no decidí meterme de lleno en la dieta celíaca hasta que vi la espectacular mejoría que obtuve sólo con suprimir los alimentos con gluten. Empecé algo tímidamente, aunque en seguida comprendí que sólo podía esperar resultados positivos si eliminaba totalmente el gluten. Ya había reducido notablemente la ingesta de lácteos, pero vi que también debía eliminarlos.

No volvería atrás por nada del mundo. Hoy siento un bienestar y una vitalidad tan placenteros que ninguna bollería ni ninguna crema me hará renunciar a esta salud que acabo de recuperar.

El objetivo de este libro es ayudarte a entender y resolver tus problemas de salud. ¡Deseo que te sirva de apoyo y que te acompañe a lo largo del camino!

Mis reglas de oro para una nutrición sana y vital

1. Comer sólo cuando se tenga hambre. Si no tienes hambre, sé lo suficientemente disciplinado como para esperar hasta la siguiente comida.
2. No picar entre horas.
3. Hacer la comida principal del día a mediodía porque, según Hipócrates, es el momento con una mayor actividad digestiva.
4. Suprimir los lácteos y todos los cereales que contienen gluten (trigo, cebada, centeno, avena, kamut, espelta).
5. Consumir en abundancia verduras de temporada cocidas al vapor.
6. Consumir aceites de primera presión en frío (menos de 40° C). No calentarlos.
7. Comer, cada día, una proteína animal (pescado, huevos; la carne dos veces por semana).
8. No beber más de un vaso de líquido por comida.
9. Empezar las comidas con una fécula para enjugar los jugos biliopancreáticos.
10. No olvidarse de hacer ejercicio físico cada día (por lo menos 40 minutos) y, sobre todo, ¡respirar!

AGRADECIMIENTOS

Quiero dar las gracias muy sinceramente a Laurent Hervieux por sus numerosos consejos e informaciones médicas relacionadas con las alergias y la intolerancia a los lácteos y al gluten. Este médico homeópata «erudito» ha colaborado con Max Tétau y se ha entrevistado con los doctores Maurice Jeaner, Jean Seignalet y Michel Geffard. Estos encuentros lo situaron en el centro de trabajos punteros en el terreno de la inmunología, de la que hizo una síntesis práctica aplicable a la homeopatía, su especialidad médica. Cofundador del grupo de investigación y aplicación en inmunoterapia (GRAIN) en 1992, y que preside desde 2001, ha escrito varios libros sobre la inmunoterapia (véase bibliografía) e imparte conferencias tanto en Francia como en el extranjero.

Asimismo quiero expresar mi profundo agradecimiento al doctor Bruno Donatini, médico especializado en gastroenterología, hepatología, cancerología, proctología y osteopatía, así como fundador de Mycoceutics (empresa especializada en suplementos alimenticios a base de setas), por su valiosa contribución al nacimiento de este libro.

PRIMERA PARTE

INTOLERANCIA AL GLUTEN
Y A LOS LÁCTEOS

¿Qué es la intolerancia al gluten?

La intolerancia al gluten se descubrió en Holanda justo después de la Segunda Guerra Mundial. En aquella época, los médicos se dieron cuenta de que, durante la guerra, muchas enfermedades habían desaparecido y luego volvieron a aparecer. ¿Cuál podría ser la causa? Después de realizar numerosas investigaciones alimentarias, descubrieron que la reaparición de las enfermedades se debía a la reintroducción de las harinas y el pan en la alimentación.

Fueron necesarios varios años para descubrir cuál era la molécula maligna del trigo: se trataba del gluten. También se localizó en otros cereales: la cebada, el centeno, la avena y, más recientemente, en el kamut y la espelta.

El gluten, o gliadina, que significa «pegamento», es un elemento flexible que permite obtener una masa ligada en numerosas preparaciones: pan, masas, pizzas, repostería, así como embutidos, platos preparados, conservas, etc. Intentar hacer pan o repostería sin gluten es muy complicado porque, obviamente, sin pegamento la preparación no se liga y se rompe con mucha facilidad.

Los estudios actuales permiten refinar mucho los grados de intolerancia; así pues, se habla de alergia, intolerancia o sensibilidad al gluten.

- Se habla de **alergia** cuando la reacción es inmediata: granos, rojeces, urticarias, angioedemas, asma, etc.
- Se habla de **intolerancia** cuando la sensibilidad es retardada. La reacción puede tardar hasta tres días en manifestarse: hinchazones, colitis, gases, fatiga, insomnio, migraña, etc. No obstante, algunas personas pueden ser intolerantes sin saberlo y sin sufrir ninguna manifestación digestiva aparente. Puede que lo descubran el día que caigan enfermas y a su médico se le ocurra hacerles las pruebas pertinentes.

La **celiasis** es la manifestación más grave de la intolerancia al gluten porque genera afecciones irreversibles como osteoporosis, diabetes, tiroiditis, cirrosis de hígado o cáncer digestivo. Acaba con la destrucción de las vellosidades intestinales.

Un intestino normal cubre unos 300 m² de superficie. Su longitud, de ocho a diez metros, se despliega sobre esa gran superficie gracias a las vellosidades, que son como pequeños dedos llenos de sangre. Imaginemos una alfombra berberisca muy gruesa; pues los hilos representarían estas vellosidades. Si se nos cae un vaso de vino encima, el tejido absorbe el líquido de inmediato. En cambio, si el vino cae sobre un embaldosado, el resultado es un charco enorme que no se absorbe.

El intestino funciona igual: el gluten ataca las vellosidades año tras año y, al final, nos encontramos con una pared lisa y una superficie de absorción de apenas unos metros cuadrados. Y las consecuencias son múltiples: carencias varias, reacciones inmunitarias debidas a la inflamación permanente, ataques de los sistemas nervioso, digestivo, endocrino, tendinomuscular y óseo (*véase* la Tercera Parte, «El intestino delgado»).

El mecanismo de la celiasis es inmunológico: el sistema inmunitario desencadena una reacción en el intestino que desemboca en la destrucción de las vellosidades. Por lo tanto, no es el propio alimento el que agrede a la pared, sino la reacción del organismo al alimento.

Hoy en día, el único tratamiento conocido es la abstinencia total de ingesta de alimentos que contengan gluten. Esta solución puede ser temporal (entre uno y seis meses) o definitiva. Para acompañar un cambio de alimentación tan drástico, es aconsejable simultanearlo con algunos remedios (*véase* el Anexo «Mis remedios preferidos») que tienen la capacidad de reconstituir el ecosistema intestinal y regenerar la permeabilidad de las membranas.

¿Cómo se diagnostica la celiasis?

Mediante una fibroscopia y una biopsia. Las muestras se extraen del duodeno. Para efectuar la prueba de forma correcta, se deberían tomar muestras en seis partes distintas del intestino porque, dependiendo de la zona, las reacciones son más o menos fuertes. Se trata de una prueba penosa y que requiere anestesia general.

También existen las pruebas serológicas que permiten descubrir los anticuerpos contra la gliadina de trigo. Si los anticuerpos son positivos, puedes saber con certeza que eres celíaco; si son negativos, puede que seas sensible o intolerante al gluten.

¿Por qué es importante diagnosticar la celiasis?

- Para empezar, para que la seguridad social asuma, llegado el caso, parte del coste en productos sin gluten.
- En segundo lugar, es vital en el caso de los niños porque así podrán justificar su intolerancia ante cualquier administración y, sobre todo, en los comedores infantiles.
- Si, a pesar de todo, sigues ingiriendo gluten después de haber comprobado tu intolerancia, te arriesgas a contraer algunas de las enfermedades que he mencionado antes, y todo puede desembocar en un cáncer digestivo.

Así pues, es una enfermedad que hay que tomarse muy en serio y las personas que la sufren deberían evitar el gluten el resto de su vida incluso cuando, pasado un tiempo, ya no presenten síntomas digestivos al consumir productos que lo contengan. La celiasis sólo se cura al dejar de ingerir gluten.

Los psiquiatras deberían hacer, de forma sistemática, un examen médico preventivo para detectar la intolerancia al gluten cuando empezaran a tratar a un paciente afectado de trastorno bipolar, depresivo, hiperactivo, histérico, autista o esquizofrénico. ¿Por qué obligar a los enfermos a tomar antidepresivos y psicotrópicos cuando, para curar las depresiones graves, bastaría con dejar de ingerir gluten? Si se hicieran unas pruebas de detección a tiempo, se podrían evitar numerosas enfermedades irreversibles (tiroiditis, diabetes, osteoporosis). Los casos de fatiga crónica deberían alertar a los médicos más a menudo de una posible y eventual intolerancia al gluten.

¿Qué sucede en el intestino?

Los alimentos llegan al intestino delgado, mezclados con los jugos biliares y pancreáticos que transformarán las proteínas (macromoléculas) en péptidos (micromoléculas). Estas últimas son pequeñas proteínas que, a su vez, se metabolizarán en oligopéptidos que acabarán transformados en aminoácidos.

El gluten contiene muchos aminoácidos que tienen la propiedad de impedir el funcionamiento de las enzimas digestivas. Y, por último, ¿qué es una proteína? Es una cadena de aminoácidos relacionados entre ellos. La enzima tiene la capacidad de cortar esta cadena para crear otra más pequeña. Sin embargo, algunos aminoácidos, como la gliadina, dificultan el funcionamiento de las enzimas e impiden que la cadena se corte. Entonces, el organismo experimenta mayores dificultades para efectuar estas transformaciones en oligopéptidos y ácidos de forma correcta y, en último término, tenemos oligopéptidos que no se pueden absorber y que acaban estancados en el intestino.

El buen funcionamiento de las enzimas digestivas depende de varios factores:

- Para empezar, genéticos, porque la celiasis suele ser transmisible.
- Después, del consumo suficiente de proteínas nobles (carne, pescado, huevos).
- Así como de la presencia abundante de minerales en la alimentación, como el zinc o el magnesio, que son los principales catalizadores de estas reacciones.

El organismo no debe almacenar metales pesados, sobre todo mercurio, porque éste tiene la particularidad de fijarse en las enzimas y bloquear su función en todo el cuerpo. Acaba ocupando el lugar de los catalizadores y, una vez adherido a la enzima, impide su buen funcionamiento.

Cuando el ecosistema intestinal se ve perturbado, la digestión enzimática funciona mal y el conjunto del organismo resulta amenazado. Algunos péptidos impiden el buen funcionamiento de la serotonina, un neurotransmisor indispensable para el correcto funcionamiento del cerebro y para un buen equilibrio psicológico. La falta de serotonina acaba provocando depresiones, hipersensibilidad, emotividad exagerada, problemas respiratorios, hipotensión y dependencia del pan y de la leche.

Encontramos gran parte de estos síntomas en la espasmofilia, por lo que, para mejorar, no basta con incrementar los aportes de magnesio, sino que hay que suprimir totalmente el gluten a fin de que el cerebro tenga la oportunidad de funcionar con normalidad.

El gluten y la permeabilidad intestinal

Los metales pesados, asociados a una errónea higiene alimentaria, acarrean problemas con la permeabilidad intestinal. Si tenemos en cuenta que la capa celular del intestino es más fina que un papel de fumar, y sabiendo que esta capa nos protege de los agentes externos, tenemos motivos para echarnos a temblar. La piel, por ejemplo, tiene muchas capas de células córneas que nos permiten protegernos. Cuando metes la mano en el agua, ¡el líquido no entra en el organismo!

El intestino contiene células unidas entre sí de modo que sólo dejan pasar las micromoléculas. Cuando una alimentación equivocada ha estado agrediéndolas año tras año, el espacio entre las células se amplía y dejan pasar, aparte de las micromoléculas, sustancias indeseables (péptidos y bacterias). Las últimas provocarán reacciones inflamatorias en el intestino y crearán perturbaciones inmunitarias.

Todos los problemas del tránsito intestinal, los fenómenos alérgicos, las infecciones repetidas, las alteraciones del comportamiento, etc., deberían hacer pensar en una intolerancia al gluten, a la caseína o a ambos.

¿Qué es la caseína?

La caseína, una proteína termoestable, es un alérgeno activo presente en la leche, los derivados lácteos y el queso.

Hay muchos alimentos y preparaciones con leche u otros productos derivados que contienen restos de caseína. Por lo tanto, encontramos leche en productos que se supone que no deberían contener lácteos, ya sea porque no se han degradado del todo las proteínas de la leche o porque, en el momento de la fabricación, estos productos han estado en contacto con alimentos que la contenían. Incluso las fórmulas de sustitución para los niños de pecho, que están derivadas de la leche y han sido sometidos a una profunda hidrólisis enzimática, pueden contener residuos de caseína.

Reactividad cruzada: es posible con los productos lácteos, sobre todo con el queso fabricado con leche de vaca y de oveja.

Datos clínicos: con los pacientes sensibles a la leche, a menudo aparecen reacciones de IgE (inmunoglobulinas E) contra la caseína.

Durante un estudio realizado con 92 pacientes alérgicos a la leche de vaca, Bernard y sus colaboradores[1] descubrieron que la intensidad y la especificidad de la respuesta de IgE variaban según los alérgenos de la caseína. Esto indica la presencia de epítopos distintos en cada una de estas moléculas.

Un estudio realizado con un paciente que se convirtió de repente, a los 29 años, en alérgico a la leche de vaca reveló que, de manera simultánea, desarrolló reacciones cutáneas provocadas por la caseína.[2] Los resultados de las pruebas *in vitro* e *in vivo* revelaron una reactividad monoespecífica a la caseína en los casos de anafilaxis provocada por la leche de vaca.[3].

Algunos investigadores han señalado que la caseína era la responsable de las reacciones alérgicas en pacientes que consumían alimentos declarados «sin productos lácteos». La caseína y los caseinatos se utilizan como agentes de textura para fabricar diversos alimentos como salchichas, pan, sopas, guisos y otros platos preparados. Dada su alta calidad y riqueza en proteínas, así como su escasa cantidad de lactosa y su sabor neutro, la caseína se suele utilizar como complemento alimentario o para enriquecer determinados alimentos de la tabla nutritiva. Entre éstos podemos mencionar, principalmente, los cereales, las fórmulas de sustitución para niños de pecho, así como las bebidas o las barritas energéticas. Sin embargo, también podemos encontrar la caseína en los sucedáneos de leche en polvo, las salsas, los helados, las vinagretas, la repostería o los batidos.

Alérgenos: la caseína es termoestable y entre el 75 y el 80% de todas las proteínas de la leche que nos encontramos son proteínas de la caseína. El porcentaje contenido en la leche de vaca varía entre el 2,5 y el 3,2% por cada 100 ml de leche. Es una proteína que se ha separado de la leche y que se comercializa desde el año 1900. Al parecer, una esterilización a temperatura máxima (120° C) durante 20 minutos sólo consigue reducir mínimamente su alergenicidad. Entre todas las proteínas de la leche, hay cuatro proteínas de caseína distintas. Los estudios más importantes han confirmado que la caseína tiene pocos péptidos de estructura terciaria y, por consiguiente, pocos epítopos «conformacionales». Los epítopos secuenciales están presentes incluso en una caseína desnaturalizada, cosa que explica que el alérgeno siga estable incluso cuando se ve sometido a condiciones susceptibles de desnaturalizarlo, como por ejemplo el calor.

(*Fuente:* Pharmacia Éditions. *Dictionnaire Pharmacia des allergènes*: www.remcomp.fr/asmanet/allergenes)

1. Bernard, H., Wal, J. M., Creminon, C., Grassi, J., Zevaco, C., Miranda, G., Houdebine, L. M., «Sensitivities of cow's milk allergic patients to caseins», en *Allergy*, 1992,vol. 47, p. 307.

2. Olalde, S., Bensabat, Z., Vives, R., Fernández, L., Cabeza, N., Rodríguez, J., «Allergy to cow's milk with onset in adult life», en *Ann Allergy*, 1989, t. 62, pp. 185a-185b.

3. Tabar, A. I., Alvarez, M. J., Echechipia, S., Acero, S., García, B. E., Olaguíbel, J. M., «Anaphylaxis from cow's milk casein», en *Allergy*, 1996, vol. 51, pp. 343-345.

¿A quién va dirigida esta dieta?

A todo el mundo o, mejor dicho, a todo aquel que padezca alguna de las alteraciones que hemos comentado hasta ahora. Principal síntoma: el cansancio. No obstante, el cansancio no es una enfermedad reconocida por la medicina. Preocuparse por ese síntoma desde el mismo momento en que aparece puede evitarte muchos disgustos.

Desde que aconsejo esta dieta, yo misma me he sorprendido por los resultados. He visto cómo casos muy complejos, que los médicos habían dado por perdidos, mejoraban y se curaban (como párkinson, problemas de personalidad, depresión, esquizofrenia, fibromialgia, problemas de piel, esclerosis en placas, sobrepeso persistente). Éste es el motivo de que le llame «mi dieta milagro».

Si sientes curiosidad, puedes seguirla durante 15 días. A partir del momento en que notes alguna molestia, aunque no sea digestiva, haz la prueba. A veces, bastarán unos cuantos días para que todo vuelva a la normalidad. Si hace mucho tiempo que estás enfermo, puede que el proceso de mejoría sea más largo. Te sentirás más ligero, menos hinchado que los primeros días. Muchas personas perderán peso y vivirán mejor en su propia piel.

La mejora de los estados deprimidos es más larga. No olvides que el intestino delgado segrega tanta serotonina como el cerebro. A veces, para que la pared intestinal se regenere y los neurotransmisores funcionen de forma normal, hay que esperar más de cuatro meses, ayudados con algunos trucos de micronutrición (prebiótica, Ultra InflamX, griffonia, hipérico, etcétera. Véanse «Mis remedios preferidos»).

En todos los casos, síguela y hazlo de manera rigurosa. El mínimo descuido, la mínima porción de gluten o de caseína vuelve a hacer saltar todas las reacciones de defensa.

Conocí a una chica que, cuando se saltaba la dieta, a menudo de forma involuntaria, veía cómo se le hinchaban y se le enrojecían los pies. Otra volvía a sufrir insomnio y una tercera volvía a sufrir crisis de bulimia.

Esta dieta funciona especialmente bien con los niños: los eczemas pueden desaparecer en 15 días;[4] los niños hiperactivos están más tranquilos a partir del primer mes, se concentrarán mejor en el colegio y serán menos agresivos y más sociables.

Sin embargo, este cambio alimentario conlleva una dificultad añadida: el comedor del colegio y las críticas de los compañeros. Ser distinto nunca es fácil.

Por un lado, te arriesgas a chocar con la burocracia administrativa. Efectivamente, uno no puede exigir una dieta especial si los servicios médicos no lo reconocen como celíaco. Y, por desgracia, alguien puede ser sensible o intolerante al gluten sin que esto aparezca en una biopsia.[5] Lógicamente, lo ideal es que tú mismo puedas ocuparte de tus hijos a la hora de comer pero, si no tienes otra opción, sólo puedes intentar hacer ganarte al personal del comedor del colegio y explicarle a tu hijo las razones por las que no debe comer determinados alimentos.

Por otro lado, el entorno más cercano (familia y amigos) a veces puede que no entienda o incluso niegue, con una pizca de sarcasmo, el origen alimentariio de los males de tu hijo.

---

4. Hay que tener cuidado de complementarla con ácidos grasos omega 3.
5. Única prueba reconocida por la seguridad social.

Es tu responsabilidad poner las cosas en su sitio intentando no herir a nadie.

¿Eres intolerante o sensible al gluten?		
Preguntas	**Sí**	**No**
¿Te hinchas a menudo? ¿Tienes problemas de tránsito (diarreas, estreñimiento)? ¿Tienes somnolencia después de las comidas? ¿Estás permanentemente cansado? ¿Tienes una colitis dolorosa? ¿Sufres crisis de tetania? ¿Te duelen las articulaciones? ¿Te duelen los huesos? ¿Tienes mala circulación en las piernas? ¿Estás deprimido/a? ¿Tienes problemas de memoria? ¿Te cuesta dormir? ¿Tienes alteraciones del comportamiento (sensación de estar en una burbuja o de no vivir en la realidad)? ¿Tienes problemas cutáneos (eczemas, soriasis, acné y otros)? ¿Tienes problemas óseos (osteoporosis, artrosis)? ¿Tienes anemia? ¿Te falta hierro? ¿Te faltan folatos? ¿Te falta magnesio? ¿Sueles tener frío? ¿Te dan espasmos? ¿Tienes problemas hormonales? ¿Sientes calores repentinos? Si eres mujer ¿tienes problemas ginecológicos? ¿Tienes problemas con la tiroides? ¿Sufres hemorragias anormales? ¿Tienes problemas de hígado? ¿Tienes problemas de vesícula biliar? ¿Sufres alguna enfermedad autoinmune (poliartritis, esclerosis en placas, cáncer u otra)?		

(Continúa en la página siguiente.)

(Viene de la página anterior.)

¿Eres intolerante o sensible al gluten?		
Preguntas	**Sí**	**No**
¿Tienes el pelo o el tinte apagado o sin brillo? ¿Estás más emotivo de lo normal? ¿Has sufrido algún golpe psicológico importante (duelo, divorcio, mudanza, despido, parto, matrimonio)? ¿Tienes tendencia a encerrarte en ti mismo? **PARA LOS NIÑOS** ¿Tu hijo es hiperactivo? ¿Le cuesta concentrarse en el colegio? ¿Es caprichoso? ¿Es autista o esquizofrénico? ¿Tiene algún retraso en el crecimiento? ¿Tiene problemas cutáneos?		

Respuestas (1 sí = 1 punto)
- De 2 a 6 puntos, probablemente eres sensible al gluten.
- Más de 6 puntos, ya podríamos hablar de intolerancia al gluten.
- Más de 12 puntos, es aconsejable que te hagas las pruebas de detección porque, sin saberlo, puede que seas celíaco. Si es el caso, vale la pena detectarlo, porque la seguridad social te reembolsará cierta cantidad de productos sin gluten.

Esto no es más que una prueba aproximada, porque los síntomas pueden variar en función de la edad, la alimentación, la adaptación al entorno (estrés físico, afectivo, emocional, etc.). Si los problemas son pasajeros, no los tengas en cuenta. Por el contrario, si se trata de dolencias crónicas, seguramente sufres alguna carencia debida, entre otras cosas, a la intolerancia al gluten, a la caseína o a ambos.

¿Por qué algunas dietas funcionan tan bien?

Si estudiamos las distintas «doctrinas» alimentarias desde otro punto de vista, ya sea dietético clásico o higienista, se pueden explicar mejor los motivos de su éxito.

Las monodietas

Cuando, durante varios días, o incluso semanas, sólo consumes un único tipo de alimentos (uvas, limones, frutas, arroz integral, zumo de verduras) excluyes, obligatoriamente, los dos grandes tóxicos: el gluten y la caseína. ¡Jamás se ha oído hablar de una monodieta a base de helado o de pan! Pierdes peso y los síntomas que te afectan acaban desapareciendo. Se acabaron los gases, la hinchazón, el cansancio, los problemas de las articulaciones; en resumen, todas las dolencias relacionadas con las disfunciones alimentarias.

Las dietas de adelgazamiento

Son numerosas: Mayo, Scarsdale, Atkins, Montignac pero, en pocas palabras, todas son dietas disociadas y ricas en proteínas. Si las sigues, excluyes de tu alimentación los hidratos de carbono, es decir todas las harinas y el pan, y sólo comes verduras y legumbres, carne, pescado y fruta pobre en glúcidos. Incluso se reduce o se suprime del todo el queso, porque contiene lactosa (azúcar de la leche). ¡Resulta que adelgazas y estás más «marchoso»!

El último método, y más eficaz, es el ayuno porque te ahorras cualquier riesgo de sufrir reacciones a lo que sea.

Las dietas de salud

- La más conocida es la dieta hipotóxica del doctor Seignalet, que aboga por una alimentación preferentemente cruda o ligeramente cocida al vapor, productos naturales sin refinar, así como la exclusión de los productos lácteos y los cereales que contengan gluten, excepto el kamut y la espelta. Esta dieta es la que más se acerca a mis recomendaciones, aunque la rigidez en cuanto a los alimentos crudos hace que sea difícil seguirla a largo plazo.

- La dieta Kousmine es una cura de salud excelente, porque excluye todos los alimentos refinados y prioriza, en cambio, los alimentos biológicos y completos. El único problema es que, en la época en que la diseñó, la doctora Kousmine todavía no sabía demasiado sobre las intolerancias alimentarias. Con su crema Budwig (queso blanco desnatado, cereales crudos, aceite prensado en frío, semillas oleaginosas y fruta), calificada como muy indigesta, ha hecho triunfar a muchos naturópatas. Sin embargo, es una dieta ideal si excluimos de ella el gluten y la caseína.

El desayuno puede transformarse de la siguiente manera: un plátano aplastado y mezclado con el zumo de medio limón, una cuchara sopera de Céréadej sin gluten,[6] aceite de nuez prensado en frío, semillas de linaza, de sésamo o avellanas, almendras, nueces y algo de fruta de temporada.

- La dieta cretense también es ideal si suprimimos el pan, aunque sea sin refinar, y los quesos. Sólo se toleran los quesos de cabra.

- El crudivorismo y la instintoterapia han tenido mucho éxito porque no aceptan alimentos cocidos o refinados, cosa que excluye, de entrada, el pan, las masas y los cereales en general. Sólo se aceptan los cereales germinados. No obstante, sí que se toleran los lácteos de calidad biológica superior.

- La dieta de los cuatro grupos sanguíneos del doctor Peter J. D'Adamo es una de las más avanzadas en lo que respecta a la investigación de las intolerancias digestivas. Según el doctor D'Adamo, todos los grupos sanguíneos reaccionan de forma negativa a los lácteos de vaca (excepto las personas del grupo B) y a los cereales que contienen gluten. Los demás análisis deben ser más profundos y personalizados, aunque hay que reconocer que ha abierto una vía nueva.

¿Por qué algunas dietas no funcionan?

El vegetarianismo debería ser la mejor dieta de salud o, al menos, es lo que piensan millones de personas. Sin embargo, si eres intolerante al gluten y a la caseína, te resultará muy difícil equilibrar las proteínas. Una de las tendencias más nefastas de los vegetarianos es, precisamente, consumir demasiados lácteos y pan sin refinar. Como están faltos de proteínas, suelen tener hambre y, entre comidas, tienen la costumbre de abusar

---

6. Se encuentra en tiendas de dietética especializadas.

de los frutos secos y los oleaginosos. De este modo, se atascan y, al cabo de un tiempo, vuelven a sufrir las mismas dolencias que los llevaron a seguir esta dieta.

$$* \, * \, *$$

¡La dieta ideal no existe! Cada uno tendrá que personalizar su alimentación. Tendrás que reconocer los alimentos que no te convienen y eliminarlos; eso sí, de forma definitiva.

Una mentira repetida adecuadamente mil veces se convierte en una verdad.
GOEBBELS

¿Por qué se han incrementado los problemas relacionados con el gluten?

Cuando empecé a interesarme por los problemas relacionados con el gluten, no sabía a dónde me iban a llevar mis investigaciones. Como cualquier persona no especializada en este tema, creía que el gluten sólo afectaba a los celíacos más graves. Por lo tanto, era necesario sufrir síntomas graves (diarrea, desmineralización, edemas, enanismo) para tener que seguir esta dieta tan restrictiva o, al menos, yo lo pensaba. Empecé a conocer mayor número de trabajos que versaban sobre este tema[7] y a recomendar mi dieta sin gluten ni caseína. Las personas que confiaron en mí fueron las que me acabaron convenciendo de las bondades de esta dieta. Incluso obtuve resultados «milagrosos» con todo tipo de alergias, eczemas reincidentes, fatigas crónicas, depresiones, enfermedades autoinmunes (párkinson o sida) y, obviamente, con todos los problemas digestivos. Los pacientes sólo tenían que seguir mi protocolo.[8]

Cuando alguien me preguntaba por qué había tantas personas intolerantes al gluten, al principio pensaba que se debía a alguna mutación del trigo y otros derivados.

Más adelante, a medida que progresaba en mis investigaciones, leí un artículo en «Pratiques de Santé» (Prácticas de Salud), en la página

---

7. Doctor Jean Seignalet, Asociación Stelior, profesor Reichelt.
8. Véase la Segunda parte, «¿Cómo cambiar tu alimentación?».

www.soignez-vous.com que me pareció fundamental para la comprensión de este fenómeno. A continuación, te muestro algunos párrafos:

En sólo diez años, la cifra de autistas en Estados Unidos se ha triplicado. Hoy en día, los autistas, esquizofrénicos y personas afectadas por otros trastornos se cuentan por cientos de miles: uno de cada 300 niños estaría afectado por uno de estos trastornos.

¡En Europa, una de cada 300 personas sería intolerante al gluten!

Los metales pesados incriminados: los países industrializados están particularmente preocupados por este aumento de los trastornos de comportamiento (¡los franceses somos los mayores consumidores de antidepresivos del mundo!). Una de las explicaciones que ofrecen los científicos europeos es la lenta intoxicación de los metales pesados debida, principalmente, a las emisiones de cantidades considerables de mercurio y plomo que las fábricas lanzan a la atmósfera, aunque también se debe a la presencia de varios metales en las amalgamas dentales (mercurio, estaño, plata...), en los cigarrillos (cadmio), las vacunas en general (aluminio) y, más concretamente, la vacuna triple vírica contra el sarampión, las paperas y la rubéola (mercurio).

Los metales pesados, al acumularse en el organismo, ejercen una acción inhibidora sobre un tipo de enzimas, las peptidasas, cuya función es degradar por completo un conjunto de proteínas alimentarias que provienen del gluten y la caseína (presentes en productos lácteos y en las carnes de ternera y vaca).

En algunos niños genéticamente predispuestos a sufrir graves trastornos de comportamiento o autismo, o que ya los sufren, se ha identificado una carencia de estas mismas enzimas.

Muchos investigadores han llegado a la conclusión de que, dado que estas enzimas sucumben al exceso de metales pesados, puede ser que niños hasta ese momento sanos experimenten psicopatologías graves, una hiperactividad constante o una depresión grave.

Los ataca un auténtico envenenamiento crónico. Por supuesto, cuando las proteínas de los cereales que contienen gluten y las de la leche de vaca no se degradan por completo, atraviesan la pared intestinal y se introducen en el sistema sanguíneo. En el organismo, estos «péptidos opiáceos» se comportarán como ciertas sustancias morfínicas y se fijarán en los receptores bioquímicos del cerebro específicos para estas sustancias. Al ocupar y saturar los receptores opiáceos, los péptidos que provienen del gluten y de la caseína provocarán desajustes en el comportamiento y favorecerán el desarrollo de enfermedades que trastornan el comportamiento.

El desorden bioquímico al que se enfrenta el organismo cuando se produce una intoxicación por gluten o caseína es el origen de todo un abanico de trastornos del comportamiento, que van desde la hiperactividad hasta el autismo, pasando por problemas de personalidad y epilepsia. Las principales consecuencias son la indiferencia, el repliegue en uno mismo y la desaparición del lenguaje.

Paralelamente, los péptidos nocivos que bloquean el organismo perturban la gestión de la serotonina; a veces, hay demasiada y, otras veces, demasiado poca. Esto provoca un exceso de información transmitida por los sentidos, insomnio, reacciones impulsivas y, al mismo tiempo, una mayor capacidad de adaptación. ¿Y no se ha dicho siempre que la adaptación al entorno y al medio (gestión de las emociones, ceder, aceptar...) es la principal condición para disfrutar de buena salud?

La dieta sin gluten y sin caseína provoca, según el profesor Reichelt, una mejora en todas las categorías de comportamiento en el 81% de los niños en tan sólo tres meses. Volver a ingerir estos alimentos suele provocar una recaída. Una conclusión que el profesor Pelliccia, del departamento de pediatría de la Facultad de Medicina de la Universidad de Roma, confirmó al constatar una disminución en la incidencia de las crisis epilépticas a partir del instante en que se adoptaba una dieta adecuada... así como una vuelta espectacular a las crisis cuando se interrumpía la dieta sin gluten ni caseína.

Elke Arod, presidenta de la asociación Stelior (véase direcciones útiles) y enferma de poliartralgia atípica y fibromialgia, tuvo un niño que en seguida enfermó. El sufrimiento de su hijo[9] la llevó a buscar soluciones ella misma. Después de leer varios libros,[10] empezó a modificar su alimentación y la de su hijo. Evitó cualquier ingrediente sintético y los alimentos que contenían gluten y caseína. Su hijo y ella recuperaron la salud y el bienestar y fueron esos resultados los que la motivaron a preparar un protocolo alimentario sin estos tóxicos para ayudar a muchas otras familias.

---

9. Otitis crónica, crisis respiratorias, ceguera de un ojo, alergias, problemas de piel, deformaciones óseas, insomnio, hiperactividad, autismo...

10. Entre ellos, *La drogue cachée* [la droga oculta], de Herta Haffer.

Acabó entendiendo que todos sus problemas metabólicos se debían a que los sistemas enzimáticos no desarrollaban su función por la presencia de los metales pesados. Impiden la asimilación de los alimentos y transforman los nutrientes sanos en tóxicos dentro del organismo. Las principales enzimas de desaturación de ácidos grasos saturados, como la delta-6-desaturasa, no consiguen transformar y metabolizar los aceites y las grasas saturadas o monoinsaturadas en los ácidos grasos esenciales, indispensables para las células nerviosas del cerebro, el sistema inmunológico, la retina, etc.

En algunas personas, estas carencias pueden provocar el desarrollo de enfermedades degenerativas como la esclerosis en placas, las depresiones, la esquizofrenia, el Alzheimer, el cáncer o las enfermedades cardiovasculares.

¿Por qué el gluten es incriminado?

Debido a una degradación incompleta, el gluten puede generar numerosos péptidos que se mezclan con la circulación sanguínea dada la excesiva permeabilidad del intestino. En consecuencia, estos péptidos atacan a los receptores del cerebro en forma de opiáceos y pueden generar enfermedades psiquiátricas graves: autismo, esquizofrenia, hiperactividad, depresión, sensación de confusión, debilidad, indiferencia, etcétera.

La caseína de los lácteos de vaca forma casomorfinas, que tienen el mismo impacto que los péptidos. Así pues, ya tenemos la prueba que demuestra que los bloqueos enzimáticos provocan transformaciones negativas de los alimentos que pueden llegar a convertirlos en tóxicos. Un análisis de orina en un laboratorio puede ser el principio de una serie de pruebas para identificar la intolerancia al gluten o una intoxicación por metales pesados. La mezcla de estos metales acentúa la toxicidad una vez dentro del organismo. El mercurio, por ejemplo, ocupa el lugar de los oligoelementos esenciales de las enzimas a nivel celular y los inhibe. En consecuencia, el gluten produce gliadinomorfina, una sustancia altamente tóxica que interacciona a nivel de la comunicación entre neurotransmisores y neurorreceptores. El resultado puede ser cualquiera de las enfermedades psiquiátricas que he comentado anteriormente.

Asimismo, la casomorfina, localizada en la caseína de la leche, suprime la inmunidad y provoca las enfermedades ORL,[11] dermatosis,[12] etc.

La alimentación es el único método del que disponemos para, una vez hemos drenado los metales de nuestro organismo,[13] vivir bien y desintoxicarnos.

¿Dónde se encuentran los metales pesados?	
Fuente	Consecuencias para la salud
MERCURIO Termómetro Mercurocromo Mercryl Vacunas (contenedores) Amalgamas dentales Pescados (atún, salmón) Abonos químicos Fungicidas y pesticidas Antisépticos Pinturas al agua Combustión del carbón Cosméticos Papel Rollos de película Lámparas de neón Cera para el parqué Acumuladores	Alteración de las funciones cerebrales Migrañas Irritabilidad, cólera Ansiedad Insomnio Sudores anormales Sangrado de las encías Astenia Problemas de visión Problemas ORL Reumatismos Parálisis Convulsiones Lesiones renales Albuminuria
PLOMO Humo de los coches y los aviones Agua del grifo Conductos de agua de plomo Pintura a base de plomo Pilas Polución por las fundiciones Tabaco (aumenta su absorción en el organismo)	Saturnismo Anemia Fatiga crónica Cólicos Convulsiones Psicosis

(Continúa en la página siguiente.)

---

11. Otitis, bronquitis, asma, alergias, sinusitis.
12. Eczemas, soriasis, acné, piel reseca.
13. Véanse «Mis remedios preferidos».

(Viene de la página anterior.)

¿Dónde se encuentran los metales pesados?

Fuente	Consecuencias para la salud
CADMIO Tabaco Ostras Café instantáneo Bebidas de cola Harina blanca Agua del grifo Caramelos Charcutería Incineración de materiales plásticos y de caucho Colorantes Abonos fosfatados Productos para la conservación de la plata Aceite de motor Humo de los tubos de escape Cacerolas esmaltadas	Lesiones renales Bronquitis crónica Enfisemas Arteriosclerosis Cáncer, básicamente de pulmón
ALUMINIO Cacerolas Cubiertos Papel de embalaje Medicamentos (curas gástricas) Cosméticos (antitranspirantes y cremas) Vacunas Vivienda	Alzheimer Confusión mental Ansiedad Dolores de cabeza Vértigos Flatulencias Estreñimiento Problemas urinarios Prurito Piernas débiles
TITANIO Ortopedia (prótesis) Pinturas Implantes dentales Agua del grifo	A la espera de análisis más precisos, su inocuidad es motivo de sospecha.

La intoxicación por metales pesados, asociada a la degeneración de la cultura de los trigos modernos, contribuye al crecimiento de este tipo de patologías.

Intolerancia a la leche de vaca y de oveja
(según el doctor Laurent Hervieux)

Generalidades

Se trata de una intolerancia a las proteínas (caseína) de la leche de vaca. Es una alergia alimentaria relacionada con una respuesta inmunoalergénica que depende de los anticuerpos IgE y que va dirigida contra un *trofalérgeno*, es decir, un alérgeno de origen alimentario.

- La leche materna contiene tres veces menos proteínas que la leche de vaca, y tres veces más anticuerpos.
- La leche materna es tres veces más rica en ácidos grasos poliinsaturados que la leche de vaca, aunque es tres veces menos rica en calcio y cinco veces menos rica en fósforo.
- La leche de vaca contiene cinco veces más sodio y tres veces más potasio que la leche humana.
- La composición en proteínas de la leche materna se caracteriza por contener tres veces menos caseína, la misma cantidad de alfalactoalbumina y de lactosérum, así como por la total ausencia de betalactoglobulinas. Estas últimas son las sustancias peor toleradas y parecen ser las más inmunogénicas.
- La leche materna contiene más vitaminas PP, C y E y caroteno que la leche de vaca.

La intolerancia a la lactosa (el azúcar de la leche), algo muy poco frecuente, es debida a un déficit de lactasa (que aumenta con la edad) en la mucosa intestinal.

Manifestaciones clínicas

Esta intolerancia puede manifestarse muy temprano, poco después del nacimiento, si la madre ha consumido demasiados lácteos durante el embarazo.

En el caso de los niños aparece antes de los dos años, aunque la práctica ha demostrado que, en adultos, puede reaparecer a cualquier edad. En la revista *Panorama du Médecin* (nº 15, 20 de abril de 2004) podía leerse: «La alergia a las proteínas de la leche de vaca es la más frecuente en niños de menos de un año. Desde hace unos años, se le atribuyen el 40% de los reflujos gastroesofágicos». Es lo que el doctor Hervieux ha podido constatar en adultos en la última década.

La intolerancia a la leche de vaca es visible, sobre todo, en personas atópicas o alérgicas (eczemas, urticaria, asma). La atopia es una predisposición genética a sintetizar los IgE. La incidencia en el caso de los niños es de un 8%.

La alergia alimentaria está incriminada en la mayor parte de las dermatitis atópicas (concentrándose en el pliegue de flexión de los codos y las rodillas y en la parte delantera del cuello) y afecta hasta a un 8% de asmáticos. Cinco alérgenos explican, por sí solos, el 80% de las alergias alimentarias de los niños: los huevos, los cacahuetes, la mostaza, la leche y el pescado.

Las pruebas cutáneas no siempre son fiables y las pruebas sanguíneas tampoco dan siempre positivo.

Las manifestaciones clínicas son de lo más variadas.

EN LOS NIÑOS

En estos casos, hablamos de síntomas que van desde regurgitaciones, cólicos abdominales y diarreas hasta eczemas, urticarias, migrañas, angioedemas; de hipoglucemias hasta indisposiciones, terrores nocturnos, insomnio y, a veces, choques anafilácticos.

Sea cual sea el alérgeno, la intolerancia a la leche de vaca empeora las demás alergias. La única terapia eficaz, al menos de forma momentánea, es la exclusión de todas las sustancias incriminadas. La utilización de leches a base de hidrolisatos de proteína es de gran ayuda: *Nutramigen, Pregestimil* (de venta en farmacias).

La exclusión debe ser estricta entre 6 y 12 meses antes de volver a intentar introducir esos alimentos.

EN LOS ADULTOS

La exclusión de los lácteos animales tiene unos resultados espectaculares en numerosas afecciones, como eczemas, soriasis, rinitis, estreñimiento (raramente), diarrea (a menudo), colitis espasmódica (muy a menudo), mastosis, reglas dolorosas, fibromas uterinos, hipertrofia benigna de la próstata, dolores y rigidez articulares, migrañas, espasmofilia.

La supresión de los lácteos mejora prácticamente todas las afecciones autoinmunes: poliartritis, espondiloartritis, rectocolitis hemorrágica, tiroiditis, diabetes, hepatitis crónica, síndrome de Goujerot-Sjögren,[14] síndrome de Raynaud[15] y otras vascularidades, sida, síndrome de fatiga crónica e incluso la fibromialgia.[16]

Todas estas afecciones son de etiología múltiple: genética, bacteriana o vírica, por vacunas o alimentos.

Recordemos que las proteínas de la leche de vaca están presentes en todos los lácteos (mantequilla, leche, nata, yogur, queso fresco, queso, helados, postres), pero también las encontramos en las salsas y en numerosos platos cocinados; por ello conviene verificar cuidadosamente todas las etiquetas.

Hay que desconfiar de las alergias cruzadas con las leches de soja y de cabra que representan, respectivamente, el 30 y el 60% de las alergias cruzadas con la leche de vaca.

La leche es uno de los factores principales del crecimiento: hace que un ternero de 50 kg alcance un peso de entre 300 y 600 kg en seis meses. Y esto explica por qué está contraindicada en caso de sufrir un tumor, ya sea cáncer de pecho, de ovarios, de colon o de próstata, así como en cualquier leucemia.

La interrupción de la ingesta de productos lácteos provoca un aumento del tono muscular en general y una lucidez más aguda, sea cual sea la patología. También se duerme mejor, se hace mejor la digestión y desaparecen, casi de forma total, los ardores de estómago, los reflujos gastroesofágicos y la somnolencia después de comer.

Las proteínas de la leche provocan un estado de hipoglucemia en el paciente, algo que le hace comer a menudo y por ello engordar. Por el contrario, la interrupción en la ingesta de productos lácteos reduce la

---

14. Síndrome de sequedad ocular y bucal.
15. Dedos blancos y helados al frío.
16. Enfermedad muy dolorosa que afecta a una docena de puntos localizados en los músculos y huesos. A esta patología la acompañan problemas de sueño y depresiones. Para más información, véase *J'a mal partout!* [¡Me duele todo!], del doctor Philippe-Gaston Besson, Éd. Jouvence, 1999.

retención de líquidos y provoca una pérdida de peso (normalmente, entre 3 y 5 kg en varias semanas). No es extraño ver a un paciente diabético que, con el pretexto de no querer engordar, se toma al día dos o tres yogures con 0% de materia grasa.

La supresión radical de estos productos se salda con una disminución del hambre, de la glucemia en ayunas y del peso. Con la exclusión de los lácteos disminuyen la irritabilidad, el mal humor e incluso las convulsiones: una niña que sufría una docena de convulsiones al día pasó, en seis meses, a sufrir tres convulsiones al día. Sin embargo, hicieron falta dos años para convencer a la madre de que le hiciera la prueba de los lácteos.

Laurent Herveux incluso tuvo un caso de narcolepsia (una enfermedad autoinmune que se caracteriza por provocar crisis de somnolencia invencibles de entre 15 y 30 minutos cada dos horas) que experimentó una notable mejoría al cabo de cuatro meses: el paciente sólo se dormía unos minutos tres o cuatro veces al día. En su experiencia, cualquier infección urinaria crónica por colibacilos mejora cuando la mujer suprime los lácteos. Sucede lo mismo con las infecciones ginecológicas crónicas, básicamente las provocadas por la *Candida Albicans*.[17] Sin ánimo de burla, podríamos decir que las proteínas de la leche animal son el mejor medio de proliferación de los colibacilos y la *Candida Albicans* en las vías urinarias y genitales.

La profesora Évelyne Lopez, endocrinóloga que dirige a cuatro grupos del CNRS (Centro Nacional de Investigación Científica Francés) en el Museo Nacional de Historia Natural de París, dio un argumento científico suplementario de importancia capital cuando nos enseñó, en un seminario del grupo de investigación GRAIN en Biarritz a principios de septiembre de 1998, que la leche de vaca contiene PHT RP.[18] Esta hormona queda asimilada en la parathormona, hormona de origen tiroideo que destruye el hueso por los osteoclastos para extraer el calcio y aumentar la tasa de este material en la sangre.

La inyección de PHT RP en los ratones de laboratorio estimula los osteoclastos (que destruyen el hueso), lo que contribuye a la reabsorción del hueso (la calcitonina, por el contrario, es la antítesis de la parathormona).

---

17. Véase capítulo «¿Y si fuera la *Candida Albicans*?».
18. *Parathyroid hormona related peptide* (Péptido relacionado con la hormona paratiroide).

El capital óseo es normal hasta los 25 años; a partir de ahí, disminuye un 2% al año durante una década. Después de la menopausia, la pérdida ósea pasa a ser de un 4 o un 5% al año. Por lo tanto, la osteoporosis posmenopáusica está relacionada con un descenso del número de osteoblastos (que estimulan la síntesis del hueso) y con una mayor sensibilidad a la reabsorción osteoclástica.

El 32% de las mujeres contrae osteoporosis después de la menopausia. Empieza hacia los 35 años debido a la disminución progresiva de la segregación de progesterona en los ovarios. La presencia de estrógenos frena la destrucción del hueso, pero la progesterona, mediante estimulación de los osteoblastos, es la que permite la reconstrucción ósea. No obstante, sólo lo hace la progesterona natural, que tiene la misma estructura química y física que la segregada tanto por un hombre como por una mujer.

Según el doctor John Lee, médico norteamericano que hizo entender a las mujeres la diferencia entre la progesterona y los progestativos, sólo existe una progesterona que el organismo sintetice, sobre todo las mujeres, aunque los hombres también lo hacen. Esta hormona permite la terminación del embarazo porque la tasa más elevada de esta hormona en el suero, durante la vida de una mujer, se produce durante el embarazo.

Los progestativos son medicamentos que imitan, mínimamente, los efectos de la progesterona, aunque el organismo desconoce su estructura química (de ahí los efectos secundarios como enfermedades cardiovasculares o tumorales, aparte de los fuertes efectos de tipo estrogénico que tienen los progestativos).

La progesterona natural es el primer tratamiento contra el envejecimiento de la mujer. El calcio se fija sobre la trama proteica del hueso. Es necesario un aporte proteico diario para no desarrollar la osteoporosis, por eso son tan peligrosos el veganismo o el vegetarianismo, porque el aporte proteico es menor. Así pues, la ración alimentaria diaria de un vegetariano necesita 800 mg de calcio, mientras que un carnívoro que, además, toma lácteos necesita 1.500 mg de calcio. Por supuesto, los residuos metabólicos de un carnívoro provocan un exceso de consumo de calcio.

En el año 2005, no tenemos ninguna prueba científica que justifique que el aporte de calcio medicamentoso mejoraría la osteoporosis, ni que el consumo de lácteos frenaría esta afección. Sin embargo, muy a menudo observamos un exceso de aporte de productos lácteos en las personas afectadas de cálculos en la vesícula biliar, los riñones o las glándulas salivales.

Cualquier médico ha podido constatar que las personas cuya columna vertebral sale transparente en las radiografías (osteoporosis) presentan, en contrapartida, una importante calcificación de las paredes arteriales, especialmente de la aorta. A menudo, son los mismos pacientes que sufren calcificaciones tendinosas (como, por ejemplo, una periartritis del hombro).

El doctor Le Berre, homeópata bretón que publicó *Le lait cette vacherie* y *Soyons moins lait,*[19] informa que varios investigadores alemanes demostraron que lo que favorece las enfermedades cardiovasculares, al elevar la homocisteína[20] plasmática, son las proteínas de la leche y no las grasas. Al calcificarse, este ateroma provocará un infarto, hipertensión o accidentes vasculares cerebrales.

La ingesta de hormonas químicas no reconocidas por el organismo agrava todas estas patologías. La progesterona y la testosterona naturales deberían constituir el tratamiento terapéutico preferente y servir como herramienta de prevención para todos.

El consumo de lácteos varias veces al día es un fenómeno muy reciente en las sociedades occidentales. En los 300.000 años de existencia del hombre en la versión *Homo Sapiens,* jamás habrá consumido tantos productos lácteos.

- Los yogures aparecieron en Francia en 1955.
- Los rebaños de vacas lecheras empezaron a aparecer, en las regiones de Bretaña y Normandía, hace apenas 130 años. Hace dos mil años, los romanos consumían, ocasionalmente, leche de burra. En dos mil años, el ser humano no ha sufrido suficientes presiones ambientales para crear enzimas capaces de metabolizar las proteínas de la leche de vaca.
- En los países del norte de África, sus habitantes consumen, de vez en cuando, leche de camella o de cabra.

---

19. Véase bibliografía.
20. Sustancia que favorece la formación de placas de ateroma, independientemente de las tasas de colesterol en la sangre.

- Japón y Creta son los dos países del mundo donde la población es más longeva y la mortalidad cardiovascular es menor. Ahora bien, en Creta hace cinco mil años que sólo consumen leche de oveja y en Japón, hace siete mil años que no consumen ningún producto lácteo. En el país nipón, las mujeres no sabían lo que era el cáncer de mama, la osteoporosis o los sofocos propios de la menopausia (aunque parece que todo empieza a cambiar desde que la alimentación ha ido evolucionando «a lo occidental»).
- El mayor número de fracturas del cuello del fémur en las mujeres se encuentra en los siete países que más productos lácteos consumen. Entre ellos citaremos, en primer lugar, a Estados Unidos, seguidos de Suecia, los Países Bajos y Finlandia (según Raphaël Nogier,[21] estas fracturas son veinte veces menos frecuentes en África [en el bantú sur], donde el consumo de lácteos es casi inexistente, que en Estados Unidos).

Parece claro que el consejo de comer productos lácteos está directamente relacionado con fines publicitarios más que con un imperativo de salud pública.

La leche sería, digamos, un producto natural. Cuando nos enteramos de la alimentación adulterada que les dan a las vacas lecheras (harina animal, entre otras cosas), la incertidumbre queda rápidamente elucidada. También sabemos que las seleccionan para ser grandes productoras de leche y que, hoy en día, sólo se reproducen por inseminación artificial.

En la década de 1950, una vaca producía entre 15 y 20 litros de leche de forma cotidiana. Desde hace algunos años, algunas razas llegan a producir hasta 120 litros al día. ¡Son unas auténticas ubres ambulantes y gigantescas! Y encima preparan ovejas Dolly, genéticamente modificadas, para producir leche de vaca.

Es aconsejable compensar la ausencia de lácteos animales con un aporte razonable de nueces, avellanas, soja, sésamo (que, además, aportan fitoestrógenos), almendras, legumbres (lentejas, guisantes, garbanzos, judías) y agua (como la de la casa francesa Hépar, una sola de sus botellas contiene el calcio suficiente para un día).

---

21. Hijo del doctor Paul Nogier, inventor de la auriculoterapia y autor de *Ce lait qui menace les femmes* [Esa leche que amenaza a las mujeres].

Además, existen numerosos preparados con leche de soja, ya sean yogures agradablemente perfumados o postres, y muchas bebidas vegetales (avellana, almendra, arroz, avena y castaña). Podríamos decir que las hay para todos los gustos. La variedad es, y más en este caso, la garantía para una salud todavía mejor. Por ejemplo, 100 gr de sardinas contienen 300 mg de calcio, una tercera parte de la ración diaria recomendada de calcio (véase tabla de la página 99).

En la práctica, no deberíamos tomar más de un lácteo al día, y sólo cinco de los siete días de la semana.

El peor lácteo es el yogur porque sólo contiene proteínas, agua y, además, es ácido. El menos malo es el queso. ¿Prefieres un lácteo de cabra o de oveja? ¡En Francia tenemos de todo!

El doctor Peter D'Adamo[22] afirma, y con razón, que las personas de los grupos sanguíneos 0 y A (los más frecuentes en Francia) no tienen un sistema enzimático capaz de metabolizar las proteínas de la leche animal.

Los nutrientes que la mucosa del intestino delgado absorbe son reabsorbidos por las venas eferentes, que los transportan hasta el hígado. Las proteínas de la leche irritan la pared del intestino delgado y separan las células intestinales, dejando así un hueco todavía mayor para las moléculas más grandes que, en ese momento, invaden el organismo y lo agreden porque no deberían estar en la sangre. Ese hueco que se ha abierto deja penetrar, a través de las venas, fragmentos de proteína denominados péptidos, mal digeridos o todavía sin digerir, así como residuos de bacterias de la flora intestinal.

A modo de reacción, las células de la inmunidad fabrican anticuerpos contra estos péptidos y los residuos bacterianos. Ahora bien, estos anticuerpos también reconocen estructuras propias del individuo y asimismo las atacan, con lo que se crea una afección autoinmune.

Las proteínas de la leche hacen que las células intestinales segreguen TNF-alfa,[23] PGE2,[24] PAF[25] y activan las *natural killer*.[26]

---

22. Médico norteamericano autor de *Los grupos sanguíneos y la alimentación*, Zeta bolsillo, Barcelona, 2005. www.dadamo.com.
23. Factor de necrosis tumoral.
24. Prostaglandina «de guerra», como decía la doctora Kousmine.
25. Factor activador de plaquetas. Sustancia química que favorece la multiplicación de las plaquetas que permiten la coagulación de la sangre.
26. Las *natural killer* son células de la inmunidad que permiten destruir las células virales o infectadas por virus.

El TNF-alfa es un factor inflamatorio, un mediador celular de la inmunidad, que estimula la degranulación de los mastocitos[27] y provoca la liberación de histamina.[28] Se sabe que algunas alergias, como el asma, aumentan el PAF.

Protocolo para la intolerancia a los productos lácteos
(según el doctor Laurent Hervieux)

• **Patologías simples**
Limita el consumo a un producto lácteo animal al día, un máximo de cinco días a la semana, preferentemente por la mañana o al mediodía. Lo ideal es consumir un producto lácteo cada tres días.
 − Los peores son el yogur, el queso fresco, el *petit-suisse* y la leche, aunque tengan un 0% de materia grasa o sean *light*.
 − El menos malo es el queso.
 − Siempre será mejor el queso de oveja o de cabra.

• **Patologías graves** (enfermedades autoinmunes, incurables o tumorales)
Suprime, al menos durante un año, todos los productos lácteos animales. Concédete sólo un poco de queso de cabra, aunque es preferible que sea de manera ocasional.
Si la mejora es evidente al cabo de un año, haz una prueba de provocación y tómate, al menos, tres yogures al día. Constatarás que sufres una crisis, entre las 12 y 72 horas siguientes, y que vuelves a sufrir antiguos síntomas o la reaparición de dolores, diarrea, migraña, etc.

Estos consejos de exclusión de los productos lácteos van acompañados de la toma de dosis homeopáticas de Lac Vaccinum 30 CH:
• En las patologías graves: una dosis semanal durante 3 meses seguida de una dosis mensual durante un mínimo de 3 meses y un máximo de 6.
• En las patologías más leves: una dosis mensual durante 6 meses.

(Continúa en la página siguiente.)

---

27. Células de la sangre implicadas en los fenómenos alérgicos.
28. Sustancia química sanguínea mediadora principal de las alergias.

45

(Viene de la página anterior.)

Más adelante, algunos pacientes tienen tendencia a abusar de los lácteos de cabra o de oveja y pueden desarrollar una intolerancia a estos productos. En estos casos, la prescripción se orientará hacia las dosis de Lac Ovinum (oveja) o Lac Caprinum (cabra), dependiendo del propio protocolo.

Debes saber que las proteínas de la leche tienen una acción «*oestrogen like*» (que imita los efectos de los estrógenos) y favorecen las enfermedades de mama, de útero, de ovario y de próstata. Por lo tanto, en caso de estas patologías, hay que suprimir dichas proteínas.

En el aspecto psicológico: comer muchos productos lácteos significa que todavía se depende de la madre, que se quiere «tomar el pecho» de forma simbólica. En el Lac Vaccinum, está el *lac*, que también es un lazo, un cordón que une a estas dos personas, al individuo en cuestión y su madre. Aunque sean adultos, todavía no han cortado el cordón umbilical. Para ser independiente, para convertirte en individuo completo y asumir tu propia identidad, tienes que alejarte del seno materno, tanto en sentido propio como en sentido figurado. Tengas la edad que tengas, has de ser consciente de esto y cortar el cordón umbilical.

En el aspecto simbólico: todo lo relacionado con la vaca (*vacca* en latín, medicamentos a base de bilis de vaca, la vacuna de bacilo Calmette-Guérin [BCG], vacuna y vacuna antivariólica, harinas animales y «vacas locas») deberá hacer pensar en la prescripción de Lac Vaccinum.
Esto afecta a todos los seres humanos. A todos nos han puesto la vacuna antivariólica o la BCG (contra la tuberculosis) o somos descendientes de personas vacunadas con estas sustancias. El doctor Elmiger, un homeópata belga muy conocido, dice: «Si, a veces, los franceses razonan como vacas, se debe a las vacunas, ¡sobre todo la BCG!».

Como prevención: la mujer embarazada debe evitar consumir demasiados productos lácteos animales (vaca y oveja) para no sensibilizar al feto por el exceso de proteína de leche.
En el inconsciente de la futura madre, el embarazo despierta todos los problemas que pudo haber tenido con su propia madre o que quizá su madre sintió y le transmitió a su hija, algo que puede provocar disfunciones alimentarias. Son formas de somatizar y resolver los conflictos personales inconscientes y que, a veces, también son transgeneracionales.

Anne Ancelin-Schutzenberger,[29] psicoanalista, Paola del Castillo,[30] psicogenealogista, y muchos otros llevan años aportando pruebas clínicas y terapéuticas de estos fenómenos. Han abierto una gran puerta a la comprensión de estas patologías a cuya resolución han contribuido.

Ser alérgico a la leche de vaca requiere alguna explicación más.

Según el cancerólogo Claude Sabbah,[31] en desciframiento genético, el significado profundo sobre todo del eczema, pero también de la urticaria, el asma y la soriasis, es un sentimiento mal vivido por el niño en el momento del destete: el cuerpo y la cabeza del niño de pecho no han aceptado el destete y, en el momento de introducir la leche de vaca, se ha sentido separado de la madre.

Así pues, se trata de un «conflicto de separación de la madre» en un contexto de dejar de recibir leche materna y sustituirla por leche maternizada. En ese momento, la leche de vaca se convierte en sinónimo de la separación.

Resolver el conflicto de separación, la ruptura del contacto cutáneo, puede provocar la desaparición de la alergia.

Durante una conferencia que el doctor Hervieux dio a su grupo de investigación en inmunoterapia el año 1993, le hizo la siguiente pregunta a su amigo, el doctor Lablanchy, psiquiatra: «En psiquiatría, ¿te dice algo el consumo excesivo de leche y yogures?». El doctor Lablanchy le respondió: «En seguida me viene a la mente el pecho materno y, después, una relación muy fusionada con la madre».

Ahí se ve claramente la dependencia y la dificultad de cortar el cordón umbilical. Los franceses son ya unos especialistas. Se han convertido en unos dependientes de los lácteos. ¡Es el principio del pensamiento único!

Patogénesis del gluten
(según el doctor Laurent Hervieux)

La espelta, antepasado del trigo, ya existía en la época del Imperio Romano y contaba entre sus células con siete pares de cromosomas: era la gran espelta.

---

29. Autora de *Mis antepasados me duelen*, Ediciones Obelisco, 2004.
30. Autora de *Psychogénéalogie pratique* [Psicogenealogía práctica].
31. Fundador de «biología total de los reinos vegetal, animal y humano».

La pequeña espelta apareció en la Edad Media: por desgracia, tiene 21 pares de cromosomas, como el trigo actual. Sólo en Francia, existen más de 35 variedades de este tipo de espelta de las que nadie conoce todavía el número de cromosomas.

Ahora bien, el ser humano sólo se ha adaptado a digerir las proteínas de trigo a partir del grupo sanguíneo A,[32] cosa que no significa que los otros grupos lo toleren porque, si el número de cromosomas es de 7 pares, no saben digerirlo. El sistema enzimático humano no ha sufrido la suficiente presión ambiental para digerir el trigo por encima de 7 pares.

La absorción diaria del trigo, la cebada, la avena y el centeno presentes en el pan, las masas, las quiches, las pizzas, las crêpes, los pasteles, la bollería... así como de productos lácteos animales favorecen la intolerancia al gluten.

Sin embargo, el gluten también puede generar una infección intestinal latente: estafilococos, colibacilos, *Candida Albicans*, *Geotrichum Candidum*, estreptococos EGB. Además, las siguientes afecciones y tratamientos favorecen la aparición de una intolerancia al gluten:

- Perturbaciones inmunitarias: todos los tratamientos inmunosupresores (antibióticos, corticoides bucales); los tratamientos hormonales (píldora, tratamiento hormonal sustitutorio posmenopáusico).
- El sida, las hepatitis crónicas tipo B o C, las vacunas contra la poliomielitis y el sarampión que se introducen en el organismo a una edad temprana en la infancia, la vacuna triple vírica asociada, la vacuna contra la tos ferina, así como el sarampión que se contrae en los primeros años de la infancia.
- Las predisposiciones genéticas HLA: HLA-DR3, DR7, DQ2 (esta última en un 95% de los casos) o DQ8 (menos frecuente). A partir de las investigaciones del doctor D'Adamo, el grupo sanguíneo 0 parecería predispuesto a la intolerancia al gluten.
- Las enfermedades autoinmunes preexistentes: diabetes, tiroiditis, cirrosis biliar primitiva, soriasis, vitíligo y, claro está, un antecedente celíaco favorecen la intolerancia al gluten.

Parece que esta intolerancia afecta más a las mujeres que a los hombres.

---

32. El grupo sanguíneo de los primeros inmigrantes, obligados por necesidad a adaptarse a un estilo de vida y a una alimentación más agrícola y a domar su carácter para aprender a vivir en comunidad (según D'Adamo, P., *Los grupos sanguíneos y la alimentación*, Zeta bolsillo, Barcelona, 2005).

Síntomas en los niños

Síntomas generales
Anemia ferropénica o macrocitaria por déficit de vitamina B6

Psiquismo y sistema nervioso
Autismo
Irritabilidad
Anorexia
Hipotonía
Lipotimia
Indisposición
Dislexia
Problemas en la adquisición del lenguaje
Problemas en el aprendizaje de la higiene personal
Hiperactividad
Problemas de socialización
Automutilación
Estereotipos gestuales
Problemas con el sueño

Aparato digestivo
Fractura de la curva de peso
Vómitos
Diarrea precoz y crónica
Deposiciones grasas
Deposiciones deshechas
Distensión abdominal
Mucha sed

Piel
Urticaria
Dermatitis herpética

Síntomas en los adultos

Síntomas generales
(aparición de un caso en pacientes entre 44 y 50 años por cada cuatro casos en pacientes de más de 60 años)
Astenia
Síndrome de fatiga crónica
Debilidad muscular
Fibromialgia
Obesidad
Delgadez
Ceguera nocturna
Anemia ferropénica o macrocitaria por déficit de vitamina B6

Psiquismo y sistema nervioso
Trastorno bipolar
Esquizofrenia
Autismo
Letargo
Ataxia (Radiculo-cordonal posterior)
Parestesias por carencia vitamínica
Epilepsia
Migraña

Aparato digestivo (menos del 20% de los casos)
Hinchazones constantes
Diarrea inconstante
Dolor abdominal difuso
Hepatopatías
Aftas bucales reincidentes
Úlceras en el intestino delgado, gastritis ocasionales
Enfermedad de Crohn
Rectocolitis ulcerohemorrágica

Piel
Vesículas cutáneas
Dermatitis herpetiforme
Pruritos
Urticaria
Soriasis
Alopecia

Ginecología
Amenorrea
Esterilidad
Abortos naturales repetidos
Hipotrofia fetal

Endocrinología
Seudohipoparatiroiditis
Hipotiroidismo
Adenoma tiroideo
Adenoma hipofisiario

Sistema motor
Dolores articulares
Artritis
Sacroileítis
Dolores de los tendones de Aquiles
Desmineralización ósea
Fracturas

Complicaciones malignas (Un caso de cada 10)
Cáncer de orofaringe
Cáncer de esófago
Cáncer del intestino delgado
Linfomas no hodgkinianos

Modalidades
Mejora para los riñones, el hígado, aceite de hígado de bacalao
Mejora por el tabaco (rectocolitis hemorrágica)
Empeoramiento por el tabaco (Crohn)

Biología
- Anticuerpos séricos positivos
  antiendomisio tipo IgA
  antigliadina tipo IgG
  antitransglutaminasa

- Déficit
  en vitamina B6
  en hierro
  en vitamina B12
  en vitamina A
  en coenzima A
  en calcio
  en prótidos
  en IgA

- Elevación
  de las transaminasas
  de la homocisteína sérica

Protocolo de tratamiento de la intolerancia al gluten
(según el doctor Laurent Hervieux)

En un principio, deberás ser muy riguroso con la exclusión total del trigo, el centeno, la avena y la cebada, pero también del kamut y la espelta. Por lo tanto, debes excluir de tu dieta el pan, las galletas, las quiches, las pizzas, las crêpes y las pastas. Es una dieta mucho más fácil de seguir de lo que te imaginas; todo es cuestión de motivación. Sencillamente, deberás aprender a comer de otra manera.

Están permitidos el arroz, la quinua, el mijo, la mandioca, el amaranto y el trigo sarraceno. El maíz está autorizado, aunque hay personas muy sensibles a este alimento. Es responsabilidad tuya ver si aparecen síntomas cuando lo comes.

Al principio de este cambio de alimentación, sólo podrás tomarte el panecillo del desayuno si no te provoca ningún problema digestivo. Por el contrario, si no experimentas ninguna mejoría, también tendrás que acabar eliminándolo.
En las patologías graves, la única solución fiable en el terreno terapéutico es la exclusión total de los cereales que contienen gluten. Más adelante, empezaremos la reintroducción con la espelta, que siempre se tolera mejor que el trigo, y de forma mínima, una vez cada tres días, para no desencadenar reacciones autoinmunes.

A nivel psicológico, el doctor Sabbah nos revela que: «Los problemas psicoafectivos y relacionales giran alrededor de acontecimientos que hemos vivido como una tragedia que le han ocurrido a esa persona, con un conflicto añadido de repugnancia y resistencia». Lo importante no es el acontecimiento, sino la representación psíquica del mismo, la intensidad de la experiencia en la soledad y sin poder comunicarse a este respecto.

Estos conflictos son muy cercanos a los de la diabetes y los problemas de colon. Tienes que ser consciente de ellos. El paciente debe resolver su conflicto o aprender a superarlo relativizando lo que realmente ha pasado. Para conseguirlo, existen varias técnicas: PNL (programación neurolingüística), EMDR (movimientos oculares), kinesiología, psicoterapia, desciframiento biológico.

Estos consejos alimentarios van acompañados por la prescripción de gluten en disoluciones homeopáticas:
* Gluten 9 CH: Una dosis semanal durante 3 meses.
* Después, Gluten 15CH: Una dosis semanal durante 3 meses.
* Después, Gluten 30CH: Una dosis semanal durante 3 meses (en algunos casos, la prescripción de 1 dosis semanal durante 6 meses también es eficaz).

Enfermedades que pueden mejorar gracias a una dieta sin gluten ni caseína

La medicina tiene cierta tendencia a quitarnos la responsabilidad. Nos quiere hacer creer que «la culpa es por la falta de suerte», que no hemos hecho nada malo, que las cosas son así... Sin embargo, ¡no todos contraemos las mismas enfermedades! Entonces, es lógico pensar que estén relacionadas con nuestra historia personal, ya sea con nuestras emociones o bien con nuestra higiene vital.

Denunciar nuestros errores alimentarios y trabajar para superar los conflictos psicológicos puede convertirnos en seres responsables de nuestra vida y nuestra salud.

Al observar este cambio de alimentación, te quedarás sorprendido ante los resultados. El éxito suele ser espectacular y la mejoría, rápida.

Aquí tienes una lista no muy exhaustiva de las principales patologías en las que se puede hablar de mejoría (o de remisión), que sólo requiere ampliarse en los años venideros. En caso de mal resultado, siempre deberás centrarte en el estrés y los conflictos psicobiológicos[33] y asegurarte de que no existe ningún desequilibrio hormonal:

- Acné, soriasis, eczema, asma, urticarias, caries, anemia, artrosis, artritis, poliartritis reumatoide, tendinitis, osteoporosis, fibromialgia, fatiga crónica, colitis, estreñimiento, diarrea, reflujos gastroesofágicos, espasmofilia, hipoglucemia, hipercolesterolemia, migrañas, cefaleas, depresión, sobrepeso, gota, bronquitis crónica, rinitis, rinitis crónica, sinusitis, infecciones ORL, alergias a los ácaros u otras infecciones repetitivas, litiasis biliar, gastritis, nódulos tiroides, lupus eritematoso, esclerosis en placas, insomnio, autismo, esquizofrenia, enfermedad de Crohn, prevención de los cánceres, párkinson.

Para eliminar los desechos peligrosos del organismo, es fundamental seguir esta dieta sin gluten ni caseína durante, al menos, un año. Una irrigación del colon (según el método Kousmine) suele ser insuficiente.

---

33. Véanse los trabajos del doctor Hamer, recuperado por los doctores Athias, Sabbah, Soulier, Sellam, Richard Sünder y Christian Flèche.

Si, al cabo de seis meses de dieta, no se observan mejorías, tendremos que buscar la toxicidad eventual de otros alimentos y verificar que la hipermeabilidad de la mucosa del intestino delgado no empeora. En tal caso, habrá que añadir a la diete un suplemento en productos con glutamina.[34] Se puede encontrar en los preparados del laboratorio Biodynamics, preferentemente en Ultra InflamX y Ultra Clear Sustain.[35]

En definitiva, para mantener una buena flora intestinal, es aconsejable hacer curas regulares de probióticos y prebióticos (principalmente Lactospectrum, L-Base, Lactibiane o Lactophar, Probiotic Plus).[35]

Y si, a pesar de la dieta, sigues teniendo gases y dolores de barriga, verifica que no tienes *Candida Albicans.*

¿Y si fuera la *Candida Albicans*?

Ya hemos hablado ampliamente de la importancia de una buena higiene intestinal para la salud. Si consumes gran cantidad de grasas saturadas (fritos, mantequilla, manteca de cerdo, aceite de palma), desequilibrarás tu flora bacteriana y favorecerás la flora de putrefacción. Esta última aumenta el flujo de jugos biliares que acabará provocando una alcalinización y un aumento de los gérmenes patógenos. El conjunto de estos fenómenos favorece una colonización por parte de las levaduras que causa la candidiasis crónica.

Sabemos que a la edad de seis meses el 90% de los bebés tienen *Candida Albicans*; es el famoso muguet de los bebés de pecho. De adultos, casi todos los humanos tienen *Candida Albicans* sin verse muy afectados por ellas. Justo a partir del séptimo día de antibióticos podemos empezar a observar una asepsia generalizada del tubo digestivo. Así, las mucosas intestinales se ponen en carne viva y la absorción intestinal ya no es normal. Y como la naturaleza siente miedo al vacío, estas levaduras pueden empezar a invadir el tubo digestivo.

Normalmente, la *Candida Albicans* convive en armonía con los demás gérmenes del intestino. Sin embargo, si el sistema inmunitario se debilita, puede empezar a liberar toxinas y provocar una ruptura de las

---

34. Ácido aminado consumido en grandes cantidades por los enterocitos (células que recubren las vellosidades del intestino delgado y que permiten la asimilación de los elementos nutritivos).
35. Véanse «Mis remedios preferidos».

defensas de la mucosa intestinal, absorber las proteínas que no se han digerido del todo, preparando así el terreno para las alergias, los problemas de piel (acné, eczemas), la artritis, la tiroiditis y las enfermedades autoinmunes. Los antibióticos (o los alimentos que los contienen, como carnes, aves, huevos y productos lácteos), el uso de corticoides, anticonceptivos y antiácidos destruyen la flora normal. Otros parásitos (amebas, giardia, *Entamoeba histolytica*, blastocistos) pueden coexistir con la *Candida Albicans* y degradar la flora intestinal. Los dolores abdominales o los problemas de tránsito suelen traducirse en la presencia de estos parásitos.

La *Candida Albicans* afecta a todos los sistemas del organismo: nervioso, endocrino e inmunitario.

Síntomas que traducen la presencia de la Candida Albicans

Antojo de dulces, urticarias crónicas, fatiga, alergias, ciclotimia, disminución de la concentración, depresión, irritabilidad, cefaleas, sinusitis crónicas, dolores, gases, infecciones vaginales, prurito anal o conjuntival, reglas dolorosas, dismenorrea, obesidad, prediabetes, intolerancias alimentarias, sensibilidad química múltiple (UCS), disminución de la libido.

Factores que favorecen la candidiasis

Diabetes, embarazo, píldora anticonceptiva, tratamiento de corticoides, antibióticos,[36] quimioterapia, enfermedades largas y crónicas, desnutrición, alimentos ricos en azúcares y levaduras, choque psicoafectivo intenso.

Es bastante difícil detectar la *Candida Albicans*. Puede que los análisis sanguíneos sean normales y las muestras de defecaciones suelen ser negativas. Lo mejor es basarse en los síntomas.

¿Cuál es el tratamiento eficaz?

Es mejor evitar los antifúngicos porque son tóxicos para el hígado.

Empezarás por reformar tu alimentación: consume verduras de temporada frescas, cocidas al vapor suave, en todas las comidas; no comas nada de fruta, o muy poca, debido a su alto contenido en azúcares; come bas-

---

36. Tetraciclina y penicilina.

tante pescado, aliña con aceites vegetales de primera presión en frío, preferentemente los ricos en ácidos grasos poliinsaturados (nuez, colza, oliva), come fibra (arroz integral, trigo sarraceno, leguminosas), porque aporta agua al organismo cuando la necesita o la elimina en caso de exceso. ¡No te olvides que las deposiciones contienen más de un 86 % de agua!

Alimentos a evitar en caso de candidiasis

Debes saber que la *Candida Albicans* se alimenta de azúcar (fruta, alcohol), levaduras y almidones.

- **Carnes:** pato, cordero, pollo, corzo, caza, ternera, vaca, cerdo; todas las carnes grasas.
- **Productos del mar:** anchoas, arenques, sardinas enlatadas, gambas, mejillones, atún enlatado, bogavante, carpas.
- **Frutas:** todas las frutas en general, menos el limón (no tomes más de una pieza de fruta al día).
- **Levaduras:** de panadería, de cerveza, química.
- **Alimentos varios:** menta, vainilla, nueces de cajú, té negro, canela, cacahuetes, miel, café, tabaco, alcohol, *Aspergillus niger* (moho que se encuentra sobre los alimentos secos y que es imperceptible al ojo humano), malta, edulcorantes Canderel, aspartamo, glutamato del E621 al E625.

En definitiva, debes evitar las grasas saturadas (mantequilla, manteca de cerdo) y cocidas, los productos fermentados, el gluten y los lácteos de vaca y, los más sensibles, también los de oveja. Sólo están permitidos, al cabo de un mes, los productos de cabra, siempre que las pruebas no indiquen ninguna intolerancia (Select 181, ImuPro 300).

Se aconseja empezar por una fase de desintoxicación de un mes de duración:

- Reforzarás el terreno con un aporte de vitaminas, minerales y ácidos grasos esenciales.
- En caso de colitis izquierda, drenarás el organismo con Ergydraine (Nutergia): una dosis disuelta en un litro de agua y te la irás bebiendo durante el día.
- En caso de colitis ulcerosa: una dosis de Ergydigest (Nutergia) con medio vaso de agua, fuera de las comidas.

- Realizarás una higiene intestinal tomando prebióticos Ergyphilus (Nutergia): una cápsula antes de cada comida o de Pro-biotic Plus (Bionutrics): una cápsula con cada comida.
- Además, fuera de las comidas, tomarás remedios a base de un concentrado de hojas de olivo, mejorana, tomillo, romero, pepitas de pomelo, ajo y ácido caprílico: Mycokyl (Nutergia).
- Añadirás una cápsula de Volcorail (Laboratorios Mycoceutics) a cada comida. Esta asociación de setas contiene una poderosa actividad antibacteriana y antimicótica.

La cura puede durar entre 3 y 6 meses, o incluso más, en función de la higiene alimentaria. Cuanto más estricta sea tu alimentación, más deprisa se verán los resultados. Al cabo de dos meses, podrás ir introduciendo, ocasionalmente, los alimentos desaconsejados, considerándolos «alimentos de placer». Nunca deberán forma parte de tu alimentación habitual.

Los exámenes médicos preventivos de las intolerancias alimentarias

Si has seguido, de manera rigurosa, la dieta sin gluten y sin caseína durante varios meses y todavía tienes algunos problemas, como estreñimiento o flatulencias, si no adelgazas, si siempre estás deprimido, cansado o te cuesta dormir, o bien la sinusitis persiste, es posible que seas intolerante a otros alimentos sin saberlo.

¿Cómo nos convertimos en intolerantes?

Este terreno todavía no está muy explorado. No obstante, podemos revelar algunos factores que predisponen a sufrir intolerancias:

- predisposición genética,
- ausencia de lactancia materna o un destete precoz,
- malos hábitos alimentarios que provocan una disfunción intestinal,
- alimentación demasiado refinada o transformada por la industria agroalimentaria; añadir demasiadas sustancias químicas, como colorantes, conservantes, saborizantes, etc. contribuyen a deteriorar el sistema inmunitario y a provocar reacciones de hipersensibilidad,

- polución ambiental o estrés,
- intervenciones quirúrgicas graves,
- embarazo y parto (el feto se incorpora al organismo, que puede reaccionar creando defensas).

Las intolerancias alimentarias son cada vez más frecuentes y pueden desarrollarse de manera espontánea, a lo largo de la vida de una persona. Desde el nacimiento, el bebé ya puede empezar a entrar en contacto y a sensibilizarse con algunos alimentos a través de la leche materna.

Los síntomas pueden parecerse a los de la alergia,[37] pero se manifiestan varias horas o días después de ingerir el alimento incriminado. Así pues, puedes ser intolerante a los cacahuetes, a los huevos o a los tomates sin darte cuenta durante años y no lo descubres hasta la aparición de problemas de salud.

Debes saber que, muy a menudo, somos «adictos» a los alimentos que nos envenenan.

¿Cómo hacer un examen médico preventivo?

Hay algunos laboratorios que están trabajando muy bien y que cada vez realizan unos exámenes más elaborados. Entre ellos, he seleccionado el examen alimentario ImuPro 300, que permiten dosificar individualmente las tasas de IgG específicas de 181 o 258 alimentos y de quince metales pesados distintos en la sangre.

El sistema de defensa desencadena una respuesta inmunitaria hacia cada cuerpo extraño que se introduce en la circulación sanguínea. Las defensas generan anticuerpos (inmunoglobulinas, una especie de proteína) cuya misión es neutralizar dichos cuerpos extraños.

A menudo, nos cuesta establecer una relación entre determinados males y lo que hemos comido. Al contrario que con las alergias alimentarias que provocan una reacción inmediata, la reacción de la intolerancia alimentaria no es súbita. Pueden pasar días sin que sintamos ningún síntoma preciso. ¿Cómo vamos a imaginar que la migraña, la depresión o los problemas intestinales son producto de aquel pequeño trozo de hue-

---

37. Hinchazón de los labios, constricción de garganta, erupción cutánea, crisis de estornudos, sofocos, edemas.

vo ahogado en el pastel o de aquellos cacahuetes que comimos de aperitivo en casa de nuestros amigos hace tres días?

¿Sabías que los problemas de peso pueden ser una consecuencia de los complejos antigenes-anticuerpos y que pueden provocar retención de líquidos en determinadas personas?[38]

Las intolerancias alimentarias pueden provocar numerosas enfermedades autoinmunes, como la poliartritis, los reumatismos y otras. Estas afecciones se desarrollan si los anticuerpos que el organismo ha generado contra ciertas proteínas animales se vuelven en su contra.

El examen alimenticio ImuPro 300 es un examen médico preventivo inmunológico. Está concebido para descubrir una eventual intolerancia alimentaria del organismo. Determina la concentración específica de los anticuerpos con relación a los distintos alimentos. Se colocan 181 o 258 proteínas de varios alimentos en las placas de los exámenes, que luego se exponen a reacción con el suero sanguíneo. Para hacer esta prueba, sólo se necesitan 2 ml de suero sanguíneo extraído de 5 ml de sangre.

Si tu sangre contiene anticuerpos que reconocen las albúminas impregnadas en las cavidades de las placas del examen, se obtiene un relación antígeno-anticuerpo. Con la ayuda de estos métodos, se colorean y se marcan las relaciones que se pueden reconocer como positivas por el escáner del ordenador que determina el porcentaje.

Se dispone de un completo protocolo de preparaciones alimentarias para realizar este examen en las mejores condiciones posibles.

En la hoja de resultados, verás los alimentos que se han analizado con tu sangre. A partir de ahí, deberás evitar durante varios meses todos aquellos que aparezcan marcados con un fondo gris. Eso no quiere decir que no puedas volver a consumirlos nunca más. Sin embargo, si sólo los suprimes radicalmente durante al menos dos meses, puedes intentar irlos reintroduciendo en tu dieta, de uno en uno y sólo cada cinco días, y verás que no sientes los antiguos síntomas que antes tanto te molestaban.

---

38. Una tasa de glucosa sanguínea demasiado elevada provoca una mayor secreción de insulina, lo que impide que el organismo utilice las grasas acumuladas en las células adiposas. Los ácidos grasos permanecen bloqueados en el tejido adiposo. En tal caso, el organismo no puede disponer de la energía que necesita y debe recurrir a un mayor aporte en grasas. Esto suele provocar antojos exagerados, y normalmente de los alimentos que originan las perturbaciones metabólicas. El círculo vicioso se instala y conlleva un continuo aumento de peso.

Las reacciones de hipersensibilidad que sentías antes deberían desaparecer con la restauración de las células del intestino. Se recomienda la ingesta de prebióticos para acelerar el proceso de curación, claro está. El diagnóstico precoz es muy importante porque las anomalías de la mucosa intestinal persisten en el 10% de los celíacos a pesar de seguir una dieta estricta sin gluten. Si el enfermo espera demasiado para cambiar de alimentación, se arriesga a encontrarse con lesiones irreversibles o precancerosas y una hipersensibilidad a otros alimentos.

Causas de la intolerancia alimentaria.

El Groupe d'études Nutrition, Immunité, Environnement (GENIE)[39] ha revelado que «la causa principal de las intolerancias alimentarias se encuentra en el intestino delgado. Una vez allí, los alimentos, ya convertidos en nutrientes por los diversos jugos digestivos, pasan a la sangre a través de la barrera intestinal. Este paso se lleva a cabo según un protocolo muy preciso que necesita un "permiso de entrada", lo que le permite al alimento ser considerado "inmigrante" y no un "ilegal", que recibe luz verde para ser "tolerado" por el sistema inmunitario».

Sin embargo, puede ocurrir que algunos alimentos parcialmente digeridos pasen la barrera intestinal de manera «ilegal» entre dos células, lo que provocaría, con el tiempo, un aumento de la permeabilidad del intestino delgado, dejándolo vulnerable por tanta agresión continua (alimentos industriales, una alimentación monótona, alcohol y algunos medicamentos). Nuestro sistema inmunitario reconocerá estos alimentos, una vez que lleguen a la sangre, y los atacará y destruirá con anticuerpos (IgG). Asimismo, la «memoria» del sistema inmunitario se activará y siempre que se consuman alimentos de esa misma naturaleza se desencadenará un torrente de reacciones de defensa que se traducirán en un estrés permanente para el sistema inmunitario. Todas estas reacciones darán lugar a una inflamación crónica y al depósito de complejos inmunes en los tejidos.

---

39. En español no existe una equivalencia del GENIE pero una traducción aproximada sería Grupo de Estudios de Nutrición, Inmunidad y Medio Ambiente. (*N. del T.*)

Algunos principios de precaución

Varía tu alimentación y altera de forma regular los alimentos a los que no eres intolerante. Por ejemplo, no comas huevos y ensalada dos días seguidos; come un día huevos y, al otro, ensalada y, al día siguiente, pollo con verduras. Si vas a comer jamón, evita hacerlo los días siguientes. Actuando de esta manera, evitarás la formación de nuevas intolerancias.

Si eres intolerante a los lácteos, sería un error consumir de forma cotidiana productos a base de soja. Podría provocarte una intolerancia a la soja que haría fracasar tu intento de cambio de alimentación. Para el éxito de la nueva dieta, deberás adoptar el principio de rotación. Encontrarás las referencias de los productos y los laboratorios mencionados en este capítulo al final del libro («Mis remedios preferidos» y «Direcciones útiles»).

Manifestaciones clínicas asociadas a una intolerancia alimenticia	
Localización	**Síntomas**
Aparato respiratorio	Rinitis, sinusitis, asma, otitis, bronquitis crónica, alergias respiratorias.
Sistema digestivo	Hinchazón, vómitos, gases, dolores de estómago, diarrea o estreñimiento o alternancia de ambos, colitis, cólicos, colon irritable, rectocolitis hemorrágica, enfermedad de Crohn, celiasis, *Helicobacter pylori, Candida Albicans.*
Sistema nervioso	Migrañas, cefaleas, problemas de memoria, de concentración, depresión, fatiga crónica, problemas de sueño, hiperactividad, autismo, esquizofrenia, esclerosis en placas (uno de los factores).
Piel	Eczema, urticaria, soriasis, dermatitis, acné, piel muy seca.
Aparato óseo y tendinomuscular	Artritis, poliartritis, reumatismos, dolores articulares, rampas, tendinitis, fibromialgia, ciática.
Aparato ocular	Sequedad ocular.
Sistema endocrino	Diabetes tipos I y II, obesidad, sobrepeso resistente a todas las dietas, tiroiditis, problemas de la menopausia.
Sistema cardiovascular	Hipertensión, arterioesclerosis.

SEGUNDA PARTE

LA DIETA SIN GLUTEN NI CASEÍNA

No debes tratar el cuerpo sin el alma.

PLATÓN

¿Cómo cambiar la alimentación?

Empieza por tomar la decisión de cambiarla. Aquí la voluntad no tiene nada que ver. Si enfocas mal el hecho de ser intolerante al gluten, la caseína o cualquier otro alimento, te costará mucho reformar tu alimentación. Todo será objeto de posibles tentaciones y la menor excusa será suficiente para recaer. Seguirás siendo víctima de tus costumbres. Quizá puedas embaucar a los demás pero a ti mismo, no. Pequeñas frases del tipo: «No tengo tiempo», «Cuando salgo a comer fuera es muy complicado», «Los demás no entenderían que rechazara sus platos», «Mientras estoy de viaje es imposible, empezaré cuando vuelva», «Pero es que ya no puedo comer nada» o «Vamos a tener que cocinar platos distintos para el resto de la familia, ¡y es demasiado trabajo!» te impiden cambiar y recuperar la salud y el bienestar.

En cambio, si decides convertirlo en un juego, será fácil. ¡Todo puede aprenderse! Al principio, tendrás que aprender a diferenciar los alimentos permitidos de los no permitidos. Te llevará un poco más de tiempo en el súper leer las etiquetas de los productos; más adelante, sabrás de memoria qué puedes comer sin ningún peligro para tu salud. Cada vez visitarás más a menudo las tiendas de productos dietéticos, donde tienen alimentos sin gluten ni caseína. También descubrirás nuevos sabores, nuevos cereales como la quinua, el mijo, el trigo sarraceno, la castaña y el amaranto; nuevos postres a base de leche de soja o de arroz, nuevos desayunos sin gluten y sin leche.

Un mundo diferente se abrirá ante tus ojos. ¡Imagina que acabas de llegar a un país extranjero y que tienes que adaptarte a sus costumbres alimentarias!

Primera etapa

Si el hecho de cambiar de alimentación te parece demasiado difícil, empieza por hacer un inventario de lo que comes en una semana. Anota en una libreta todo, absolutamente todo lo que comas, incluso un chicle o un caramelo, así como un zumo de frutas o una infusión con azúcar. De este modo podrás marcar, con un rotulador de color, los alimentos perjudiciales y constatar la frecuencia con que los tomas.

Lleva siempre contigo esta libreta. No confíes en tu memoria, porque es la mejor manera de olvidar u ocultar información. Anota las sensaciones después de las comidas: ¿Te sientes hinchado, cansado, lo ves todo negro? ¿Tienes reflujos? ¿Te sientes culpable o, por el contrario, estás saciado y en plena forma? ¿Tomas pan con las tres comidas del día? ¿O comes pasta un mínimo de tres veces por semana? Debes empezar a tomar conciencia de todos estos elementos. Si te encanta la tarta de queso y crees que no vas a poder pasar sin ella, debes saber que ya existen masas sin gluten, hechas a base de harina de maíz, que son deliciosas. Puedes aromatizarlas con pisto o salsa de tomate y acompañarlas con queso seco de Saboya rallado.

Puede que estés muy unido a las tradiciones familiares y no te resulte fácil cuestionarlas. Tus padres no tienen problemas de salud y, como en la familia siempre se ha comido así, ¿por qué cambiar? Sólo podrás descubrir todos los beneficios que esta dieta puede ofrecerte después de experimentar el cambio de alimentación durante, al menos, quince días.

Segunda etapa

Localizas en el supermercado al que sueles ir los alimentos que contengan gluten, lácteos o sus derivados y los evitas. Seleccionas rápidamente las marcas sin gluten o sin lácteos. Aprendes a cocinar de otra manera. Puedes recurrir a libros de recetas sin gluten ni lácteos (véanse «Fabricantes de productos sin gluten» y «Direcciones útiles») y también puedes inventarte las tuyas propias. En Internet, hay muchas. Aprovecha, es gratis.

Habla de tu intolerancia con la familia y los amigos. Si son amigos de verdad, te prepararán encantados platos sin esos alimentos. Preparar, por ejemplo, un trozo de carne asada con verduras, patatas salteadas con aceite de oliva y, de postre, una deliciosa macedonia o una mousse de chocolate (¡con chocolate sin gluten, claro!) no es tan complicado.

Es posible que, al principio del cambio de alimentación, sufras crisis de eliminación (diarreas, granos, resfriados) o revivas antiguos síntomas durante un periodo breve, entre varias horas y varios días. Se trata de antiguos desechos metabólicos que, al intentar liberarse, se inyectan en la circulación sanguínea y crean un empeoramiento momentáneo de los síntomas antes de desaparecer del todo. Tendrás que intentar beber lo suficiente entre las comidas (en invierno, al menos un litro al día; en verano, más) y hacer ejercicio al aire libre. Así activarás la eliminación de las toxinas.

También puedes experimentar señales de privación. Estos alimentos actuaban como estimulantes y tu cuerpo estaba acostumbrado a ellos. Al suprimirlos, puede que sufras el síndrome de abstinencia, como en las adicciones, y que muestres síntomas como nerviosismo, depresión, fatiga, irritabilidad, agresividad, sueño perturbado, reaparición de antiguos síntomas... Este periodo suele durar menos de quince días aunque, si la intolerancia es antigua, es posible que se alargue más tiempo. Puede que, en ese momento, sientas tentaciones de renunciar a la dieta sin gluten ni caseína porque, como muchos de nosotros, sin duda te han criado en la compensación de la falta de afecto mediante la comida o la recompensa («Si te portas bien, te daré un caramelo»). Incluso de adultos, tenemos tendencia a conservar estas actitudes infantiles y solemos comer para calmar una emoción, tapar un dolor físico o emocional o maquillar un enfado.

¡Es importante que aprendas a cambiar tus antiguos comportamientos!

Tercera etapa

Empiezas a acostumbrarte a esta nueva forma de alimentación. Quizá ya has perdido algo de peso, te sientes más ligero, duermes mejor y estás animado a continuar. ¡Bravo! Es el principio del éxito.

Continúa durante tres meses. Pasado este tiempo, si has recuperado la salud, si has adelgazado, si ya no estás hinchado y te sientes bien en tu cuerpo, quizá puedas empezar a hacer excepciones controladas.

Ahora eres más sensible y más consciente y estás en condiciones de observar la menor reacción o el menor cambio en lo relativo a tu salud.

Si quieres, programa una excepción y observa qué ocurre durante los tres días siguientes: puede que veas reaparecer los antiguos síntomas, puede que estés cansado, nervioso, indispuesto. Si es así, sigue con la dieta sin gluten, sin lácteos o sin ambos durante seis meses más.

Si, pasado este tiempo, haces un nuevo intento y el cuerpo vuelve a reaccionar de forma violenta, sabrás que debes renunciar definitivamente a estos alimentos. De todos modos, seguro que has observado que estás menos bulímico y que ya no necesitas comer tanto. Y esto es así porque asimilas mejor los nutrientes, el cerebro está satisfecho y no tiene la necesidad de obligarte a comer para encontrar los elementos nutritivos que le faltan.

Algunas precauciones para no desarrollar otras intolerancias alimentarias

1. Evita todos los azúcares refinados: azúcar blanco o moreno, miel, melaza, todo tipo de siropes, incluso la fructosa. Cambian el medio intestinal creando acidosis y provocan una huida de sales minerales (calcio y vitaminas) del organismo. Pueden obstaculizar la digestión de las albúminas y crear fermentaciones e hinchazones. Acostúmbrate a azucarar muy poco los yogures de cabra y a consumir mermeladas sin azúcar. No tomes, en ningún caso, azúcares de síntesis: aspartamo, Canderel, sacarina. Los únicos tolerados son la Stevia y el azúcar entero que se vende en las tiendas de dietética. Pasados quince días desde el inicio de la dieta sin gluten y sin lácteos, puedes empezar a comer fruta, aunque debes evitar totalmente los cítricos: mandarinas, pomelo, naranja. Sólo se tolera el limón.

2. El alcohol, el café y el té negro sobrecargan el trabajo del hígado e irritan el intestino. Un consumo importante de café o de té impide la absorción de algunos minerales y puede provocar anemia debido a la mala absorción del hierro en el organismo. Al cabo de tres meses, puedes volver a tomarlos, aunque siempre en pequeñas cantidades y nunca a diario.

3. No comas demasiado en una sola comida, porque el hecho de llenar excesivamente el estómago sobrecarga el aparato digestivo, sobre todo por la noche. La comida que está demasiado tiempo en el estómago provoca pesadez, inflamaciones de la mucosa y úlceras. La doctora Kousmine siempre nos recordaba que debíamos hacer «un desayuno de rey, una comida de príncipe y una cena de pobre». El cuerpo produce menos jugos gástricos a medida que pasan las horas. Así pues, la digestión es menos eficaz a partir de las 18 horas (solares) que por la mañana.

4. Evita beber demasiado mientras comes, ni siquiera agua, porque diluye los jugos gástricos y puede irritar el colon por la agresión de los jugos biliopancreáticos[40] que, de este modo, llegan libres al nivel del colon ascendente.

5. En la medida de lo posible, no comas si no tienes mucha hambre y, si no tienes hambre, ¡no comas!

(Continúa en la página siguiente.)

---

40. Véase capítulo «¿Cómo proteger el intestino?».

6. Mastica bien los alimentos. Te ayudará a calmarte y a mejorar la digestión. Un yogui nos decía que tendríamos que «beber lo que comemos y comer lo que bebemos».

7. Varía tu alimentación. Evita comer los mismos alimentos dos días seguidos, aunque tengas restos. Por ejemplo, si te comes un bistec de vaca con patatas, puedes volver a comer lo mismo cuatro días después. Pero no te dediques a picarlo y a hacer rellenos con eventuales restos, porque te arriesgas a volver a caer en una alimentación unilateral y promotora de intolerancias alimentarias. Es lo que se denomina el «principio de rotación». Se aplica, sobre todo, a las carnes y los hidratos de carbono (cereales, patatas, maíz).

Por ejemplo:

Lunes: arroz, pollo, zanahorias.
Martes: endibias con jamón, pasta sin gluten.
Miércoles: quinua, pescado, brécol.
Jueves: arroz, pollo, zanahorias.

Alimentos de los que debes desconfiar porque pueden ser sospechosos y generar intolerancias alimentarias. Evítalos durante dos meses:

Fruta: cítricos (naranja, pomelo, clementina).
Levaduras: de cerveza, de repostería, química.
Alimentos varios: mostaza, vainilla, nueces de cajú, cacahuetes, canela, huevos, té, café, chocolate, algarroba, menta, colorantes y conservantes (glutamatos, del E621 al E625).

El cuerpo es el barco que nos llevará a la otra orilla del océano de la vida. Hay que cuidarlo.

SWAMI VIVEKANANDA

Planifica las comidas

Cuando cambiamos de alimentación, al principio solemos sentirnos un poco desamparados. Como todas nuestras costumbres tienen que evolucionar, a menudo hacemos frente a una falta de imaginación. Para no quedarnos confusos delante de la nevera sin saber qué comer, te sugiero que te organices los menús de la semana o, si te parece mucho trabajo, al menos hazlo para los dos días siguientes.

En la despensa, siempre debes tener arroz, quinua, trigo sarraceno, galletas de arroz o pan de flores (una especie de tostadas de trigo sarraceno, de venta en tiendas de dietética). También debes tener yogures de soja, para los que la toleran, postres y crema de soja para cocinar. Aunque es preferible comer los alimentos frescos, puedes tener algunas verduras y legumbres sin cocer en el congelador (guisantes, habas, menestra, calabacines, etc.), así como pescado y, ¿por qué no?, para los «antojos urgentes» sorbetes sin gluten ni lácteos[41] que te ayudarán a no comer ningún alimento perjudicial.

Debes ir alternando las proteínas animales (vaca, pescado, huevos, pollo, pava, pato). Puedes hacer alguna jornada vegetariana siempre controlando que asocias bien los cereales con las legumbres (lentejas con arroz completo, maíz con habas, mijo con garbanzos).

Favorece la cocción al vapor. Sin embargo, de vez en cuando puedes pasar los alimentos por la sartén con aceite de oliva, aunque no olvides que este proceso oxida los ácidos grasos.

Escoge siempre aceites crudos de primera presión en frío biológicos (oliva, nuez, colza, sésamo, girasol, cártamo, avellana). Es imprescindible que se hayan obtenido por debajo de los 40° C (evita el aceite de germen de trigo, que sobrecalientan a más de 80° C; así como los aceites de semillas de uva y de maíz, porque son refinados).

Sólo se pueden cocer el aceite de oliva y la grasa de oca. Cuanto más rico en ácidos grasos poliinsaturados es un aceite, más se degrada durante la cocción. ¡No lo olvides!

---

41. Únicamente, los sorbetes de mango y chocolate de la marca Picard.

Lee atentamente la composición de los productos congelados. Un día, compré las «Verduras primaverales al vapor» de la marca Picard. Se me olvidó que estaban aliñadas y cuando en casa leí la letra diminuta de la etiqueta (ilegible sin las gafas), vi que el aliño llevaba gluten y leche en polvo. ¡Una lástima! ¡Y sucede lo mismo con casi todos los platos precocinados!

Cuando vayas a un restaurante, consume platos sencillos: pescado al vapor, carne asada, cocido, marisco, ensaladas (pregunta de qué está hecho el aliño aunque, si quieres, puedes prepararlo tú mismo). No te fíes del arroz cantonés, cuyo condimento puede contener gluten o leche. Deberá ser casero y el cocinero deberá garantizarte la ausencia de dichas sustancias.

Ahora vas a tomar la resolución de empezar la experiencia. Aquí tienes una pequeña ayuda diaria.

LUNES

¡Está decidido! ¡Hoy empiezo!

Empiezo por modificar el desayuno. Era adicto a las tostadas con mantequilla y mermelada y al café con leche. Que no quede por eso: sustituyo la leche de vaca por leche de soja y disfruto con unas tostadas sin gluten con una capa de margarina vegetal biológica. Incluso puedo darme el pequeño gusto de untar un poco de auténtica mermelada artesana.

No me olvido de tomarme los probióticos y los ácidos omega 3 (Véanse «Mis remedios preferidos»).

He comido:

Comiendo, he sentido:

Después de la comida, me he notado:

❐ Satisfecho/a

❐ Frustrado/a

❐ Fatigado/a

❐ Hinchado/a

❐ Otros

MARTES

He conseguido llegar a la hora de comer con ese desayuno. Después del primer día sin gluten ni lácteos, no me siento forzosamente mejor, pero estoy feliz conmigo mismo. ¡Primera victoria! No he cedido ante el crujiente pan que me han ofrecido. Si como en la cafetería o en un restaurante, pregunto al camarero lo que haga falta para saber el contenido del plato. Al final, le acabo diciendo que soy alérgico al gluten y a los lácteos. Todo sale bien porque a nadie le apetece que me dé un ataque en medio del restaurante. ¡Incluso me ayudan a elegir!

He comido:

Comiendo, he sentido:

Después de la comida, me he notado:

☐ Culpable

☐ Rechazado/a por los demás

☐ Frustrado/a

☐ Satisfecho/a

☐ Fatigado/a

☐ Otros

MIÉRCOLES

Para variar, desayuno fruta y nueces. A mediodía, me preparo una súper comida casera: un buen pollo de granja al estragón con verduras de temporada al vapor, todo aliñado con aceite de oliva. Cuando llego a casa por la tarde, preparo una tarta de manzana. Mientras se cuece voy cenando, así estará caliente para el postre.

He comido:

Comiendo, he sentido:

Después de la comida, me he notado:

☐ Fatigado/a

☐ En plena forma

☐ Aliviado/a

☐ Me ha dolido el estómago

☐ He fracasado

☐ Feliz por haberlo conseguido

☐ Otros

JUEVES

Empiezo por hacerme una pregunta antes de desayunar: ¿tengo hambre de verdad? Si la respuesta es negativa, quizá podría prepararme sencillamente una infusión.

Hoy, con las legumbres, la quinua y las verduras, voy a poder comer un poco de queso de cabra.

He comido:

Comiendo, he sentido:

Después de la comida, me he notado:

☐ Fatigado/a

☐ En plena forma

☐ Aliviado/a

☐ Me ha dolido el estómago

☐ He fracasado

☐ Otros

VIERNES

Es el quinto día del cambio de alimentación. Ya he empezado a adelgazar (o no si tengo otras intolerancias alimentarias).[42] Ya no me siento hinchado (excepto en caso de *Candida Albicans* digestiva).[43] Tengo ganas de seguir adelante.

Voy a las tiendas de dietética para informarme de cómo poder variar un poco los menús y los productos. Entro en Internet para buscar recetas nuevas. Me inscribo en la AFDIAG[44] o en cualquier otra asociación para hablar con personas que están en la misma situación que yo.

Empiezo a dominar mejor el desayuno. Cuando no tengo hambre, sólo bebo un vaso de agua templada o una infusión. Al mediodía, voy al restaurante y disfruto con la comida, siempre dentro del marco de mi dieta. Incluso me doy permiso para tomarme un buen vaso de vino.

He comido:

Comiendo, he sentido:

Después de la comida, me he notado:

❏ Satisfecho/a   ❏ Hinchado/a

❏ Frustrado/a   ❏ Otros

❏ Fatigado/a

---

42. Véanse «Los exámenes médicos preventivos de las intolerancias alimenticias».
43. Véase «¿Y si fuera la *Candida Albicans*?».
44. Asociación francesa de Intolerantes al gluten.

Repite esta dieta sin gluten ni lácteos durante tres semanas. El momento
de hacer balance es el cuarto fin de semana:

- ¿Cuántos kilos o centímetros he perdido?
- Aunque no fuera el objetivo, el cuerpo ha podido deshacerse de las
impurezas y funciona mejor.
- Estoy menos fatigado/a y duermo mejor.
- Mis articulaciones son más ágiles.
- Ya no me muero de hambre ni me siento hinchado/a.
- Algún día me tomaré alguna licencia y veré lo que sucede durante
los tres días siguientes.
- Sin embargo, no podré volver a tomar gluten o lácteos cada día
porque, si no, volvería a la misma situación que antes.
- ¡Debo estar siempre atento/a a todo!

Propuestas de menús

Debes cambiar tus costumbres alimentarias y te sientes perdido porque,
antes, comías pan, pasta y queso cada día. ¿Qué vas a poder comer ahora? Después de haber leído el capítulo sobre el proceso de cambio de
alimentación, ya estás preparado para abordar estos menús.

Lo más complicado es el desayuno. En Francia, y en general en todo
Occidente, estamos acostumbrados a las tostadas con mantequilla y mermelada o a la bollería, todo acompañado con un café con leche, té o bien
a la leche con cacao.

Deberás aprender a conocer tus nuevos gustos. O, si no tienes hambre, a beberte una infusión templada sin tomar nada más. ¡Es lo que
mejor le irá al organismo!

Opciones de desayunos

- Un plátano aplastado con el zumo de medio limón. Mezcla bien. Añade nueces, pipas de girasol o de lino previamente mezcladas. Puedes añadir fruta fresca de temporada y, si gastas mucha energía, una cucharada sopera de Céréadej[45] sin gluten. Añade una cuchara sopera de agua. Obtienes así una crema untuosa, muy nutritiva y que no engorda. Complétala con la bebida que quieras, aunque los que sufren colitis o estreñimiento deberían evitar el café.

- Dos huevos con galletas de arroz o pan de flores (galletas 100% de trigo sarraceno) y una bebida.

- Dos rebanadas de pan sin gluten sobre el que puedes untar una capa de margarina vegetal biológica o crema de avellanas o incluso, si no tienes problemas de peso ni de candidiasis, una crema de chocolate sin leche y sin gluten para untar. Si te quedas con hambre, puedes añadir una compota de fruta casera y la bebida que quieras.

- Copos de arroz, de quinua o del cereal que quieras que no contenga gluten mojados en leche de arroz. Puedes cocerlos a fuego lento para obtener una pasta más espesa. Añade sirope de ágave o fructosa y algunos frutos secos. La bebida que elijas.

---

45. De la casa Ludmilla de Bardo, en tiendas de dietética.

Opción de comida

- Una galleta de arroz o de trigo sarraceno, seguida de una verdura de temporada cruda (zanahoria rallada, hinojo en lonchas, apio, pepino o ensalada de temporada, con nueces o setas, aliñado con limón, sal y aceite de oliva, con finas hierbas de temporada: cebolleta, estragón, albahaca, eneldo, tomillo, romero, orégano, etc.).

- Carne, preferentemente blanca (pollo, pavo o conejo), o pescado con verduras de temporada al vapor, con una patata o dos cucharadas soperas de cereales sin gluten (arroz, trigo sarraceno, quinua, mijo, amaranto, mandioca, maíz). Desconfía de la quinua y del maíz porque muchas personas pueden desarrollar una intolerancia alimentaria a estos productos. Observa tus reacciones cuando los consumas.

- Postre casero: compota de fruta, crema de leche de soja o de arroz, yogur de soja, sorbete casero, frutos secos.

Opción de cena

- Empieza con una galleta de arroz o de trigo sarraceno seguida de un potaje con verduras de temporada. Si tienes hambre, puedes tomar un poco de proteína animal (carne blanca o pescado). Durante los primeros quince días, evita los huevos, porque hemos observado numerosas intolerancias a estos alimentos poco sospechosos en personas que, sin embargo, eran intolerantes. Cuando los consumas, observa tus reacciones (fatiga, hinchazones, problemas de sueño o, sencillamente, una digestión pesada). Puedes comer queso de cabra cada cinco días, excepto si sufres micosis digestiva o una intolerancia a la lactosa.

- Los que tienen problemas de peso deben evitar los postres por la noche porque cualquier sobrecarga alimenticia después de las 18 horas (hora solar) suele acumularse en lugares poco deseables...

Es posible que, al principio de este cambio, sólo sueñes con quiches lorraines y fresas con nata. Tranquilízate. El cerebro está hecho para eso: no soporta la frustración e, inicialmente, te enviará señales cada vez más fuertes para que cedas y vuelvas a las antiguas costumbres. Después, poco a poco, al ver que no le haces caso, irá aflojando. Ante la nueva energía y tu recuperado bienestar, ya no tendrás ganas de comprometerte con alimentos nefastos para tu salud.

Anímate: el juego vale la pena, pero para descubrirlo hay que vivirlo.

¿Qué comer en los restaurantes o en las cafeterías?

No todos tenemos la suerte de poder comer o cenar en casa. Puede que trabajes lejos de tu casa y te veas obligado a comer fuera. ¿Cómo vamos a arreglárnoslas para adoptar la dieta sin gluten ni lácteos?

Para empezar, olvidándote de los bocadillos, la bollería y la comida rápida. A menos que te contentes con una ensalada, que no supone nutrición suficiente hasta la hora de cenar, escoge un restaurante de barrio de los que ofrecen un plato del día tradicional: un bistec con zanahorias en lugar de patatas fritas, tocino saladillo con lentejas, bacalao ahumado con patatas al vapor, etc.

En cualquier restaurante hay siempre verduras crudas, jamón, aguacates y carne o pescado con alguna legumbre u hortaliza para escoger. Aunque sean productos en conserva o congelados, siempre serán mejor que una quiche con crema de leche, queso y mucho gluten.

En los postres, en cambio, no tendrás tantas opciones. Aparte de la macedonia y el queso de cabra una vez por semana, no puedes comer nada más. Los postres que se ofrecen en las cafeterías y los restaurantes suelen ser cremas, mousses de chocolate, tartas, queso fresco; es decir, todo aquello que debes evitar durante un tiempo. Sin embargo, como la mejora será tan evidente, cada vez te sentirás menos tentado a probarlos. Debes compensarlo con frutos secos (nueces o almendras que puedes traer de casa) o, si lo toleras, dos pastillas de chocolate negro sin gluten, leche ni lecitina.

Desconfía de los embutidos que han podido ser aliñados con gluten o leche, de las salsas espesas, porque normalmente adquieren esa textura con harina de trigo, del chocolate negro y de los sorbetes que venden en las tiendas porque todo contiene gluten... Si te gustan mucho los dulces, prepárate el postre en casa. Así evitarás una gran frustración.

Las trampas de la dieta sin gluten ni caseína

En los productos transformados por la industria agroalimentaria, todo es una trampa. La más sencilla preparación (sopas, salsas, condimentos, platos precocinados, rellenos, helados, etc.) contiene gluten, caseína o las dos cosas. Incluso los preparados catalogados de régimen (sobres de proteínas, preparados para adelgazar) están «infestados» de gluten y caseína.

Los productos biológicos tampoco están exentos de estos elementos: que sea biológico no significa que no contenga gluten o caseína. ¡He encontrado leche en polvo en algunos panes sin gluten y mantequilla en pasteles sin gluten! No debes fiarte de nada. ¿Sabías que las galletas de soja preparadas contienen gluten? ¿Sabías que las sopas en polvo, incluso las biológicas, contienen gluten? Y así en todo. Deberás leer atentamente todas las etiquetas.

Los únicos alimentos sin margen de error son los naturales: veduras, legumbres, fruta fresca (cuidado con los frutos secos porque algunos, como los higos, pueden estar enharinados), carne y pescado fresco, cereales permitidos: arroz, quinua, mijo, trigo sarraceno, maíz, amaranto, mandioca.

Está de más decir que nadie cocinará mejor para nosotros que nosotros mismos. Confeccionar tus propios platos es la mejor solución. En un restaurante, deberás adoptar una actitud detectivesca e investigar siempre si la preparación lleva leche, mantequilla o harina de trigo. Para no pasar por un cliente pesado, di que eres alérgico a estos alimentos.

¡No pienses que no pasa nada si te permites un pequeño capricho! La partícula de gluten o de caseína, y más al principio del cambio de alimentación, hará que automáticamente tu organismo reaccione (fatiga, insomnio, ansiedad, dolores abdominales o problemas digestivos), incluso días después de haber consumido ese alimento. Algunas personas no tienen síntomas, pero ven cómo su estado vuelve a deteriorarse.

Conocí a una persona que, a pesar de seguir la dieta escrupulosamente, había fracasado. Cuando le pregunté acerca de sus costumbres, nos dimos cuenta de que había cambiado de crema hidratante y que la nueva contenía residuos de leche de vaca. Además, el doctor Bruno Donatini añade que los cosméticos que contienen hidrocarburos (más del 90% de los cosméticos del mercado) favorecen la aparición de fibromialgia.

¡Sería una pena esforzarse tanto y no obtener resultados por falta de rigor! Ya verás cómo tu constancia obtiene recompensa. En seguida perderás los kilos que te sobran y ganarás en vitalidad.

Recibir en casa a un intolerante al gluten

(confeccionado por la AFDIAG, www.afdiag.org)

Recibir a un intolerante al gluten para un aperitivo o una comida obliga a seguir unas cuantas reglas muy sencillas a las que no solemos prestar atención.

Los siguientes consejos permitirán que tu invitado disfrute plenamente de la reunión en grupo.

- No le hagas consumir un producto del que no estás seguro.
- Prepara, a ser posible, una comida sin gluten para todos los comensales.
- Cocina con productos naturales y sin gluten (carnes, pescados, huevos, leche [preferentemente de arroz o de soja], mantequilla [mejor si está hecha a base de aceite de primera presión en frío], verduras, fruta... Véase la lista de alimentos autorizados y prohibidos para la dieta sin gluten en la página 133 y siguientes o en la web de la AFDIAG), y evita los platos precocinados y los productos industriales.
- Utiliza los utensilios específicos para cocinar sin gluten (no utilices la misma cuchara para remover una salsa con gluten que una salsa sin gluten).
- No utilices cubiertos de madera (son porosos y pueden tener restos de gluten).
- No utilices un colador que hayas utilizado para pasta ordinaria antes de colar la pasta sin gluten sin haberlo lavado a conciencia.
- No enharines los moldes para tartas, el pescado y las aves o bien utiliza harina dietética sin gluten.
- Calienta el pan sin gluten en un horno limpio antes de meter el pan ordinario (las barras de pan dietéticas sin gluten tienen que

---

calentarse antes de poder ser consumidas; para el pan en rebanadas, utiliza una tostadora donde sólo tuestes pan sin gluten).

- Para numerosas preparaciones (cremas, salsas) es posible sustituir la harina de trigo por almidón de maíz o fécula de patata.
- Cuidado con los productos para ligar las hamburguesas; escoge hamburguesas «de carne vacuna 100%».
- Cuidado con las salsas industriales (mostaza, mayonesa).
- Cuidado con los fondos de salsas «en polvo», porque la mayoría contienen trigo.
- Verifica la composición de los productos fritos y congelados.
- No utilices aceite de freír buñuelos o alimentos rebozados.
- No reboces ni utilices pan rallado normal.
- Evita las mezclas de especias molidas y utiliza, preferentemente, pimienta negra en grano molida al momento.
- Para pasar de una levadura fresca a una levadura seca, hay que dividir las cantidades entre dos. Las levaduras frescas y secas (de grano grueso) se tienen que diluir en un poco de líquido templado antes de utilizarlas.
- Aunque a baja temperatura es más eficaz, la levadura química se puede sustituir por bicarbonato de sodio en las recetas de pastelería; la proporción es ¼ cucharadita de café de bicarbonato por 1 cucharadita de café de levadura química (atención: muchas marcas de levadura química contienen almidón de trigo).
- Para adaptar las recetas con gluten, prevé 60 g de harina dietética sin gluten por cada 80 g de harina de trigo (trigo candeal).
- En estas recetas, tamizar el almidón de maíz no sirve de nada.
- Para mezclar el almidón de maíz con un líquido caliente, tienes que diluirlo primero en un poco de líquido frío antes de incorporarlo al líquido hirviendo.
- Debes saber que el almidón de maíz se cuece muy deprisa (entre uno y dos minutos para realizar una salsa que, con harina de trigo, tardaría 15 minutos).
- En la mayoría de las recetas, se pueden sustituir 100 g de chocolate por 60 g de cacao en polvo sin azúcar (autorizado).
- Encontrarás el equivalente en temperatura del termostato del horno multiplicando la cifra por 30 (por ejemplo: un termostato 7 corresponderá a una temperatura de 7 x 30 = 210° C).

El gluten y la fruta

Sin duda, formas parte del grupo de personas que come fruta fuera de las comidas porque, desde principios del siglo XX, los higienistas nos repiten una y otra vez lo mismo: «Las frutas al terminar una comida son indigestas y crean fermentaciones».

Hace unos años, estaba de acuerdo con esta afirmación, incluso la llegué a escribir en uno de mis libros.[46] Sin embargo, he tenido que cambiar de opinión.

Siguiendo las indicaciones del doctor Georges Pourtalet,[47] empecé a vislumbrar el principio de la respuesta a la siguiente pregunta: ¿Debemos comer fruta fuera de las comidas o no? Descubrí, por ejemplo, que el melón es más digestivo al final de una comida que al principio. Sin embargo, para algunas personas, esto no funciona. Al profundizar en mis investigaciones, comprendí que todos somos distintos frente a la alimentación y que muchos de nosotros sufrimos alguna intolerancia alimentaria sin saberlo.

- Te aconsejo hacer esta prueba: después de tres semanas de alimentación totalmente libre de gluten y lácteos, introduce tus frutas preferidas al final de las comidas. ¡Te sorprenderá descubrir que ya no crean fermentación!

«Es más difícil romper un prejuicio que el núcleo del átomo», decía Albert Einstein. Ante los hechos, ¿no podemos, cuando menos, poner en tela de juicio esta afirmación repetida hasta la saciedad por todos los naturópatas e higienistas desde hace más de un siglo?

¿No es más convincente el resultado de una experiencia que un elocuente discurso? ¡Tu misión es verificarlo! ¿Es posible que abramos, entre todos, una nueva vía?

---

46. *Votre alimentation selon l'enseignement du Dr Kousmine*, [Su alimentación, según las enseñanzas de la doctora Kousmine], Éditions Robert Laffont.
47. Véase «¿Cómo proteger el intestino?».

Recetas sabrosas sin gluten ni leche de vaca

Al adoptar este nuevo método alimentario, numerosas personas se convierten rápidamente en apasionadas del hecho de la considerable mejora de su salud. Algunas de ellas son cocineras muy imaginativas que se han convertido en amigas mías y que me han confiado suculentas recetas. Te las presento aquí para que entiendas que puedes comer alimentos compatibles con la salud sin renunciar por ello a comer bien.

Hogaza con aceitunas*

(Muchas aceitunas en una masa un poco esponjosa gracias a la asociación de sémola y harina de arroz)

- *Ingredientes para un molde de bizcocho:*
  120 g de sémola de arroz fina
  100 g de harina de arroz
  1 cucharada sopera de levadura química (5 g)
  1 cucharada de café de sal
  60 ml de aceite de oliva (50 g)
  120 ml de agua
  120 g de aceitunas negras deshuesadas
  Una pizca de tomillo o de romero

- *Preparación:*
  Poner la sémola y la harina de arroz, la levadura química y la sal en una ensaladera y mezclar añadiendo el aceite y el agua a la vez. Añadir las aceitunas negras y el tomillo y mezclar la masa con una espátula. Impregnar con aceite el molde de bizcocho y llenarlo con la masa. Con las manos humedecidas, aplastar la masa hasta que quede como una galleta. Poner al horno con el termostato al 7 durante 25 minutos. A media cocción, puedes sacarla rápidamente del horno para pintarla con un poco de aceite de oliva con un pincel.

---

*Recetas de Valérie Cupillard, escritora culinaria especializada en cocina biovegetal; recetas extraídas de *La nueva cocina bio: manual práctico con sabrosas recetas para cada ocasión*, Océano Ambar, Barcelona, 2005.

Tortada de jamón y puerros**

- *Ingredientes para 4 personas:*

2 puerros
2 lonchas gruesas de jamón
3 huevos
50 g de maicena
½ litro de leche de soja o de arroz
sal marina, pimienta blanca molida, nuez moscada

- *Preparación:*
Pelar y cortar los puerros en trozos de unos 2 cm. Cocerlos 15 minutos al vapor suave.[48] Cortar el jamón en dados de 1 cm. En un bol grande, batir los huevos, la leche, la sal, la pimienta y la nuez moscada. Debe ser una mezcla muy homogénea. Engrasar una bandeja de hornear de unos 20 cm. de diámetro, redonda o cuadrada. En el fondo, colocar los puerros y los dados de jamón y verter por encima la mezcla de huevo de forma que lo cubra todo. Cocer durante 30 minutos a 210° C en el horno precalentado. Acompañar con una buena ensalada de temporada.

Pan con semillas de lino

- *Ingredientes:*

350 g de harina sin gluten
50 g de harina de soja
100 g de semillas de lino
150 g de patatas hechas puré
1,5 sobres de levadura en polvo sin gluten
1 cucharadita de café de azúcar de caña entero
1,5 cucharaditas de café de sal marina
550 ml de agua
50 g de nueces

- *Preparación:*

Mezclar todos los ingredientes secos, después añadir las patatas y el agua. Amasar bien y a continuación colocar en un molde de pan. Alisar la superficie, cubrir con un paño húmedo y dejar reposar durante 30 minutos en el horno apagado, aunque precalentado a 50° C. Cocer 10 minutos en el horno precalentado a 220° C, después reducir la temperatura a 200° C y seguir con la cocción durante 50 minutos más.

- *Truco:* Diez minutos antes del final de la cocción, untar el lomo del pan con aceite de oliva.

** Recetas de Liliana Huray, Lyon.
48. *Le Vitaliseur de Marion:* www.vitaliseur.com.

Masa de levadura
(para las tartas dulces)

- *Ingredientes:*

  250 g de harina sin gluten
  1 sobre de levadura en polvo sin gluten
  1 yogur de soja natural
  60 ml de aceite de sésamo de primera presión en frío
  50 g de azúcar
  la piel de un limón de cultivo biológico
  1 huevo

- *Preparación:*

  Mezclar todos los ingredientes y amasar bien. Colocar la masa en un bol de barro, cubrir con un paño húmedo y dejar reposar hasta que haya doblado su volumen. Extender y dejar reposar un poco.

- *Truco:* para las tartas saladas, sustituir el azúcar y la piel de limón por un poco de sal marina.

Crema inglesa a las castañas*
*(El perfume de la naranja combina
muy bien con el dulzor de las castañas)*

- *Ingredientes:*
  2 yemas de huevo
  4 cucharadas soperas de azúcar de caña entero
  4 cucharadas soperas de harina de castaña
  3 vasos de leche de arroz (45 cl)
  2 gotas de aceite esencial de naranja biológico

- *Preparación:*
  Mezclar las yemas con el azúcar, añadir la harina de castañas y 2 vasos de leche de arroz. Cocer a fuego lento y remover hasta que la crema cubra la cuchara; entonces, añadir el tercer vaso de leche y el aceite esencial de naranja. Mezclar, apartar del fuego y dejar enfriar.

Tarta de manzana**

- *Ingredientes para 4 personas:*
  500 g de manzanas
  100 g de harina de arroz
  100 g de azúcar de caña moreno
  5 cucharadas soperas de aceite de oliva virgen
  2 pizcas de sal marina
  margarina vegetal

- *Preparación:*
  Pelar y cortar las manzanas en trozos grandes y mezclarlas con 50 g de azúcar.
  Para la masa: mezclar la harina, el resto del azúcar, la sal y el aceite en un bol. Trabajarla deprisa desmenuzándola bien con los dedos. Te puedes ayudar con un tenedor. Espolvorear esta mezcla hasta cubrir las manzanas. Meter al horno caliente (200° C o termostato 7) durante 30 minutos.

- *Truco:* puedes hacer variantes con las frutas que más te gusten: peras o una mezcla de plátano, fresas, ciruelas, etc. Si quieres, acompaña esta tarta con un yogur de soja o una crema de soja. ¡Que aproveche!

Tarta de almendras y corteza de naranja*

(Una tarta perfumada, deliciosa con el té)

- *Ingredientes:*
  80 g de margarina vegetal
  100 g de azúcar de caña rubio
  50 g de almendras crudas molidas
  3 huevos
  120 g de harina de arroz
  1 cucharada sopera de levadura química (5 g)
  6 gotas de extracto de vainilla
  1 naranja biológica

- *Preparación:*
  Funde la margarina muy despacio. Apártala del fuego y mézclala con el azúcar, añade la almendra molida, el extracto de vainilla y los huevos, uno a uno. Añade la harina de arroz y la levadura química. Ralla la piel de la naranja hasta tener una cucharada sopera. Mézclala bien con la masa. Unta un molde con aceite y vierte la masa. Ponlo al horno al termostato 6 durante 10 minutos, y luego al termostato 7 entre 15 y 20 minutos. Esta tarta suele dorarse en seguida, así que a veces es recomendable cubrirla durante la cocción.

Brazo de gitano de mermelada**

- *Ingredientes:*
  3 huevos
  50 g de harina de trigo sarraceno
  25 g de harina de maíz
  25 g de fécula de patata
  1 cucharada sopera de aceite de oliva suave
  1 pizca de sal
  ½ cucharada de café de bicarbonato de sosa
  1 tarro de helado de frambuesa o de grosella o 1 bote de mermelada de naranja

- *Preparación:*
  Mezclar las harinas y la sal. Añadir los huevos. Batir con fuerza para eliminar los grumos. Añadir el aceite, la mitad del helado (o la mermelada) y, por último, el bicarbonato de sosa. El resultado debería ser una masa untuosa. Precalentar el horno a 210° C. Engrasar con margarina el molde de brazo de gitano o la tapa de un molde de hierro. Cubrir con papel sulfurado engrasado. Extender la preparación; debe tener un grosor de, aproximadamente, 1 cm. Meter al horno y dejar cocer 10 minutos; la masa debe obtener un bonito color dorado (al clavar el filo de un cuchillo, éste debería salir limpio). No cocer demasiado porque, de lo contrario, no podrás enrollar el brazo de gitano. Una vez cocido, sacarlo del horno y, con el papel, colocarlo con cuidado encima de una toalla de felpa húmeda. Enrollarlo cuando todavía esté caliente. Dejar reposar entre 3 y 4 minutos. Desenrollar con cuidado y extender el resto del helado. Despegar el pastel del papel sulfurado. Volver a enrollar con cuidado de no incluir el papel. Debe quedar por fuera para estar debajo del pastel hasta que se enfríe. Recuerda que las masas sin gluten tienen menos consistencia y tienen tendencia a deshacerse. ¡Buen provecho!

Pastel de zanahoria

- *Ingredientes:*
  5 huevos
  300 g de azúcar de caña moreno
  2 cl de kirsch
  200 g de zanahoria rallada muy fina
  120 g de nueces molidas
  120 g de almendras molidas
  50 g de pan rallado sin gluten
  50 g de maicena
  1 cucharada de café de levadura química sin gluten
  sal, canela
  100 g de azúcar lustre

• *Preparación:*
Batir las yemas de huevo con el azúcar, las especias y el kirsch hasta obtener una consistencia de mousse. Añadir las zanahorias, las nueces, las almendras, el pan rallado, la maicena y la levadura química. Montar las claras a punto de nieve y 100 g de azúcar y, después, añadir la masa. Repartir la mezcla en un molde para bizcocho, preferiblemente equipado con una capa de protección para la cocción, alisar la superficie y cocer al horno a 175° C durante 40-45 minutos. Dejar reposar al menos un día y después espolvorear con azúcar lustre.

Pan de especias**

*(Una excelente receta que no tiene nada que envidiar
a los panes de especias tradicionales de trigo y de centeno)*

• *Ingredientes:*
100 g de harina de trigo sarraceno
50 g de harina de arroz
50 g de maicena o de fécula de patata
100 g de miel
2 huevos
2 cucharadas soperas de aceite de oliva suave
1 pizca de sal
1 cucharada sopera bien llena de granos de anís verde
1 clavo
1 pizca de canela
1 pizca de nuez moscada
la piel de una naranja biológica
½ cucharadita de café de bicarbonato de sosa
margarina vegetal biológica

• *Preparación:*
Picar con la picadora la piel de naranja, el anís y el clavo. Reblandecer la miel al baño María o en un bol encima del colador de una olla para cocer al vapor con agua hirviendo. Mezclar las harinas con los huevos. Añadir las especias y trabajar la masa hasta que esté bien untuosa. Añadir el bicarbonato de sosa en último lugar. Engrasar un molde con margarina vegetal biológica. Verter la mezcla y cocer durante una hora en una olla para cocer al vapor de tapa abombada[49] o durante una hora y media en un horno medio, recubierto herméticamente con papel de aluminio engrasado, al termostato 3 (o 140° C). Estará cocido cuando el filo de un cuchillo salga seco. ¡A los niños les encantará!

---

49. *Le Vitaliseur de Marion:* www.vitaliseur.com.

Magdalenas casi como las de Proust**

- *Ingredientes para 18 magdalenas:*
  3 huevos
  50 g de azúcar de caña moreno
  50 g de harina de trigo sarraceno
  50 g de harina de arroz
  25 g de maicena
  1 pizca de sal
  2 cucharadas soperas de aceite de oliva suave
  ½ cucharadita de café de bicarbonato de sosa
  1 gota de aceite esencial de naranja
  1 cucharada de café de agua de azahar
  1 cucharada sopera de piel de naranja confitada picada muy fina o un poco de piel de naranja natural rallada
  margarina vegetal biológica

- *Preparación:*
  Mezclar las harinas con el azúcar, la sal y el bicarbonato. Añadir los huevos. Batir bien para eliminar los grumos. Añadir el aceite de oliva, el aceite esencial, el agua de azahar y la piel de naranja. Remover con fuerza. Si está demasiado espesa, añadir unas gotas de leche de arroz. Precalentar el horno a 210° C. Engrasar el molde para las magdalenas con margarina vegetal biológica. Repartir la crema por los moldes y meter al horno. Cocer entre 8 y 10 minutos. Sacarlas cuando estén doradas.

Estraordinario pan sin gluten
(Elaborado con una panificadora)

- *Ingredientes:*
  600 g de agua templada a 40°
  500 g de harina de arroz
  10 g de harina de guar (véase www.sansgluten.biz)
  ½ sobre de levadura sin gluten
  2 cucharadas soperas de aceite de oliva o de semillas de algodón
  1 cucharadita de sal no refinada
  2 cucharadas de azúcar moreno

- *Opcional:*
  3 cucharadas de uvas pasas
  2 cucharadas de semillas de sésamo

Para elaborar este tipo de pan, se aconseja comprar una panificadora que se ocupe de todo. Pronto se amortizará, ya que se venden por menos de 70 euros.

Mezclar en la cuba el agua y el aceite. Añadir la harina, la sal, el azúcar, la harina de guar y la levadura.
Posicionar la función pan de 750 g tueste mediano. En total el programa dura 3 horas y 50 minutos.
Al cabo de 10 minutos, cuando la masa está bien mezclada, añadir las uvas pasas y el sésamo y continuar con el programa.

Pasadas unas tres horas, se empezará a notar un olor a pan recién hecho que inundará toda la casa. ¡Toda una invitación!

• *Variante:*
Se puede cortar la harina de arroz con otra harina para cambiar el gusto:
300 g de harina de arroz
200 g de harina de sarraceno

o bien:
300 g de harina de arroz
200 g de harina de castaña

Valérie Cupillard es autora de varios libros de cocina biológica:
• *Sans gluten, naturellement.*
• *La nueva cocina bio: manual práctico con sabrosas recetas para cada ocasión.*
• *Sans lait et sans oeufs.*
• *Quinua.*
En su página web, hay recetas y cursos de cocina: www.biogourmand.com.

Éditions La Plage: Rue du Parc – F-34200 Sète - +33 (0)4 67 53 42 25
Correo electrónico: edition@laplage.fr – Página web: www.laplage.fr

TERCERA PARTE

NOCIONES FUNDAMENTALES SOBRE NUTRICIÓN

Si tuviésemos en cuenta tres polos principales (enzimas, intestino delgado y alimentación), se podrían evitar, mejorar o curar numerosas enfermedades.

Las enzimas

Sin las enzimas digestivas no sería posible ninguna vida orgánica. Son los catalizadores de reacción; es decir que, gracias a su acción, decuplican las reacciones bioquímicas de la digestión. Son, de alguna manera, el ADSL del cuerpo humano. Sin este ADSL, las reacciones serían demasiado lentas y nos moriríamos a causa de fermentaciones y putrefacciones varias.

Poseemos aproximadamente unas quince o dieciséis mil enzimas, en función de nuestra herencia genética. Su buen funcionamiento depende de cofactores, minerales y sustancias derivadas de las vitaminas.

El estado de buena salud consiste en mantener las condiciones óptimas para garantizar su correcto funcionamiento. Por un lado, podemos aportarles los cofactores que puedan necesitar (vitaminas, minerales, ácidos grasos poliinsaturados); es lo que se denomina «micronutrición» que, en la actualidad, está justificada por la evidencia del empobrecimiento del conjunto de la cadena alimentaria.[50] Por otro lado, sólo hay que apor-

---

50. Pesticidas, OGM, sobreproducción, contaminaciones diversas.

tarles los alimentos que ellas conocen, es decir, productos naturales, no los transformados mediante etapas industriales o temperaturas excesivas.

En palabras del doctor Seignalet, en la actualidad, el simple hecho de suprimir los alimentos peligrosos puede mejorar o curar más de ochenta enfermedades clasificadas como no curables o incurables. Las enzimas funcionan en cascada, y de ahí el interés por encontrar todas las vitaminas y minerales en cantidad suficiente dentro de nuestra alimentación. Un aporte excesivo de un mineral, como el calcio, o de una vitamina no presenta ningún interés desde el punto de vista de la solidaridad de las enzimas entre ellas.

El intestino delgado

Es el órgano clave del cuerpo humano. Es el lugar donde entran, o no entran, las sustancias peligrosas. Existen elementos relacionados con nuestra herencia genética sobre los cuales no podemos actuar. Sólo podemos intervenir sobre los factores relacionados con nuestro entorno, en este caso, la alimentación.

La mucosa intestinal representa más de 300 m² de membrana muy fina, de $1/40$ de milímetro. Esta mucosa es semipermeable. Las materias peligrosas pueden entrar en el organismo por los pulmones (humo de tabaco, polución aérea, dióxido de carbono, silicio cristalizado), pero también por el intestino delgado. Una membrana más fina que el papel de seda separa estas materias de la sangre de los capilares. Teniendo en cuenta que tres cuartas partes de las actividades de defensa se producen en el intestino, esta pared constituye la parte crítica del sistema de defensa. Tiene la capacidad de retener los elementos nocivos que provienen del exterior (virus, bacterias, micosis, parásitos, alérgenos, toxinas, macromoléculas alimentarias), aunque también los productos tóxicos que nosotros mismos fabricamos durante la digestión.

Una disfunción intestinal puede obstaculizar la absorción de los micronutrientes útiles y, si el sistema de defensa no funciona de forma impecable, la sangre transportará sustancias nocivas hacia el hígado, que intentará neutralizarlas. Cuando surgen problemas digestivos, a veces sucede que los microbios del colon suben hasta el intestino delgado. Entonces, la flora intestinal puede autodestruirse debido a los alimentos inapropiados (lácteos de vaca o gluten) o a los excesos alimentarios. Determinadas personas pueden presentar otras intolerancias alimentarias. Deberías hacerte los análisis de sangre pertinentes (ImuPro 300 o Select 181).

Para funcionar bien, la mucosa intestinal debe estar correctamente nutrida. Su alimento preferido es un aminoácido, la L-glutamina, que también es la fuente de los glóbulos blancos que «patrullan» por los vasos de la pared intestinal para destruir a los intrusos. Si el sistema de defensa se ve agredido por el estrés, por una mala higiene alimentaria o por un exceso de productos tóxicos, puede sufrir desajustes. En tal caso, no hará distinciones entre las sustancias nocivas y las sanas y atacará sus propias fibras, provocando reacciones autoinmunes o bien infecciones en distintos lugares del organismo: los intestinos, los pulmones, la piel, las articulaciones, los tendones y los músculos, etc.

Al cabo de un tiempo, el hígado está desbordado, los emunctorios sobrecargados y pueden empezar a aparecer enfermedades graves.

Los apasionados de los argumentos científicos encontrarán, en los anexos, algunas aclaraciones sobre la «función antigénica de la flora intestinal», de la mano del doctor Laurent Hervieux.

¡Preservar el intestino es preservar la salud!

Vegetalismo y la dieta desasociada

La alimentación vegana, compuesta únicamente por vegetales (verduras, frutas, cereales, leguminosas, oleaginosas) es muy peligrosa a largo plazo. Si se tiene la necesidad de introducir un poco de «verde» en el organismo, se puede seguir durante unos días o unas semanas sin que ello provoque daños a la salud, todo lo contrario. Esta alimentación, fácil de digerir, provoca un bienestar inmediato. Y ahí está el problema: al sentirse más ligero, uno tiene tendencia a querer seguir así y justo entonces empiezan las complicaciones.

Ninguna proteína vegetal es completa. Por ejemplo, los cereales y las oleaginosas (almendras, nueces, avellanas, etc.) carecen de tres aminoácidos esenciales: la treonina, la lisina y la isoleucina. En cuanto a las leguminosas, carecen de triptófano, metionina y cistina.

Así pues, los instigadores del vegetalismo han asociado a la misma comida las leguminosas y los cereales para crear una complementariedad. Desgraciadamente, el organismo sólo utiliza los aminoácidos en función del que está al mínimo. Por ejemplo, si sólo se aporta un 40% de las necesidades vitales de lisina (aminoácido indispensable), el organismo únicamente asimilará el 40% de todos los aminoácidos, y eso implica una carencia proteínica del 60% que falta.

Todos los aminoácidos esenciales deben estar presentes en el organismo en cantidades suficientes durante la misma comida para garantizar la nutrición del cuerpo. Además, las proteínas vegetales son mucho menos disponibles porque quedan atrapadas en las fibras, las cuales hacen que sean menos asimilables por el tubo digestivo. Esto implica no sólo una carencia proteínica sino que, al no estar saciados, los veganos suelen comer mucha fruta y frutos secos y a comiscar continuamente.

Robert Masson, un reconocido naturópata, ha podido observar que, entre su clientela de «veganos puros», hay muchos que tienen colesterol malo (LDL) a pesar de no comer huevos, mantequilla, nata, ni carnes grasas. También los hay que sufren pancreatitis aguda debido a un consumo excesivo de productos azucarados. Sin embargo, lo peor era su estado de extrema delgadez y debilidad general a causa de una anemia por falta de hierro asimilable, algo que genera carencias en cadena.

El vegano que se lanza a esta dieta sin verificar si es intolerante al gluten o no puede verse afectado por varias enfermedades: amenorrea, astenia, catarros, caquexia, desmineralización, descalcificación, frigidez, indiferencia, impotencia, irritabilidad, tumores…

A propósito del interés de disociar las proteínas de los glúcidos, circula otra idea entre los ambientes «biológicos». Es decir, que te animan a no asociar la carne, el pescado y los huevos con los alimentos harinosos (patatas, cereales) o los azúcares (fruta, frutos secos, verduras con glúcidos: zanahorias, tubérculos en general, etc.). A largo plazo, esta práctica es muy peligrosa para la salud porque las proteínas sólo se asimilan bajo «los fuegos de los azúcares».

Los profesores Tchobroutsky y Guy-Grand han permitido explicar estos mecanismos de nutrición. Durante la digestión, se segregan dos hormonas: la insulina y el glucagón. La insulina permite que la glucosa, los aminoácidos y los ácidos grasos penetren en la célula, garantizando así una nutrición perfecta. El glucagón permite que las células hepáticas fabriquen glucosa a partir de los lípidos y las proteínas. Tiene la capacidad de acumular glucosa en sus reservas y, por lo tanto, sirve para la acumulación, no para la nutrición de las células. A fin de funcionar correctamente, el organismo tiene una necesidad constante de glucosa.

Para favorecer la nutrición celular, siempre es recomendable asociar una pequeña cantidad de una fécula natural sin gluten a una carne, un pescado o un huevo.[51] Sin embargo, ten cuidado con las cantidades: ¡demasiados azúcares favorecen la acumulación de grasas!

Por lo tanto, las dietas disociadas se deben practicar con moderación. Una vez se ha alcanzado el peso ideal, es recomendable volver a una alimentación asociada evitando los dos grandes tóxicos: el gluten y la caseína.

El calcio y el misterio de los aportes verdaderos y falsos
(según el doctor Bruno Donatini)

El calcio es un ion esencial para todos los órganos: huesos, neuronas, contracciones musculares, ritmo cardíaco, etc. Hay tres órganos que regulan la calcemia: el intestino, por absorción intestinal y la descamación de células epiteliales ricas en calcio, los huesos por acumulación y los riñones por excreción.

Un adulto ingiere, al día, un gramo de calcio. El intestino absorbe un 35% de ese gramo. Los riñones excretan una cantidad idéntica para ga-

---

51. Robert Masson explica lo siguiente: «Cuando una comida incluye una carne (o pescado o huevos) asociada a una verdura y a una fécula (arroz, patata, pan, etcétera), hay una secreción de insulina importante, en detrimento del glucagón, que permite que los aminoácidos y los ácidos grasos penetren fácilmente en la célula para una buena nutrición del cuerpo.

Cuando una comida incluye una carne (o pescado o huevos) asociada a una verdura (espinacas, pimientos, tomates, apio), sin ninguna fécula ni ningún postre azucarado, se producirá una fuerte secreción de glucagón y una débil secreción de insulina. Los ácidos grasos y los aminoácidos tardarán muy poco en penetrar en la célula; servirán para fabricar glucosa y provocarán una malnutrición. Si una comida no contiene suficientes glúcidos, el cuerpo los fabrica a partir de las proteínas y los lípidos de la propia carne.

Ésta es la razón de que este tipo de dieta adelgace, porque se reducen las acumulaciones de grasas gracias a la acción del glucagón, aunque también se reducen las acumulaciones de proteínas. Con el tiempo, se observa debilitamiento muscular, anemia, osteoporosis (el calcio se fija gracias a los aminoácidos), lo cual genera fatiga crónica y fallo del sistema inmunitario».

rantizar el equilibrio. Los huesos se destruyen y se reconstruyen continuamente gracias a estos aportes.

La vitamina D3 y la parathormona regulan el metabolismo del calcio. De forma esquemática, la vitamina D3 aumenta la solidez del hueso, disminuye la fuga de calcio a través de la orina y aumenta la absorción digestiva. La parathormona actúa a la inversa. La síntesis de vitamina D3 por parte del organismo disminuye con la edad, mientras que la de la parathormona aumenta y favorece la degradación ósea, provocando osteoporosis, hipertensión arterial, ateroma, artrosis y Alzheimer. El calcio de los huesos se redistribuye en la sangre y aumenta el riesgo de depósitos calcáreos en los demás órganos.

El epitelio intestinal es la clave principal del metabolismo cálcico: hay dos tipos de receptores de calcio muy selectivos. Está demostrado que tomar comprimidos de calcio aumenta de forma muy aleatoria la tasa de calcemia sanguínea. Al mismo tiempo, no todos los tipos de calcio son iguales para atravesar la barrera digestiva. Todo depende de los iones asociados (por ejemplo, magnesio, fósforo, oxalato), de la vitamina D3, de las proteínas consumidas y la forma iónica del calcio.

- La ingestión de productos ricos en fosfatos disminuye la absorción del calcio y, al mismo tiempo, aumenta la excreción intestinal.
- El calcio y el oxalato son concurrentes; el calcio y el magnesio son sinérgicos.
- Las proteínas animales disminuyen las pérdidas intestinales y favorecen la absorción.
- El calcio de las aguas minerales es altamente biodisponible, así como el de la cáscara de los huevos y las algas. También es abundante en las legumbres (especialmente, las lentejas) y el sésamo, las sardinas y los frutos secos.
- El calcio de los lácteos es poco biodisponible. Además, la caseína puede agredir la mucosa digestiva a través de una intolerancia y provocar una excreción de calcio por descamación del endotelio. Con la intolerancia al gluten, sucede lo mismo.

Recordemos que el aporte oral de calcio es suficiente sin los lácteos y que la función principal recae en la vitamina D3. Además, es esencial evitar las intolerancias alimentarias que provocan la evasión digestiva del calcio por destrucción de la barrera y del epitelio.

Así pues, podemos vivir perfectamente sin consumir leche en una zona calcárea pobre y sin productos de su jardín sin padecer osteoporosis. También debes recordar que adquirimos la carga cálcica a la edad de 5 años y que la actividad física es fundamental para conservar esa masa ósea.

Por lo tanto, comprenderás que comer de forma sana no quiere decir suprimir las proteínas animales; todo lo contrario. Un poco de todo cada día, eligiendo siempre productos de temporada.

Mil trescientos millones de chinos no consumen nunca lácteos ni quesos y los habitantes de este país se cuentan entre los menos afectados por la osteoporosis.

En la siguiente tabla se demuestra que, en cualquier caso, hay muchos más alimentos, aparte de la leche, que contienen calcio asimilable.

Principales fuentes de calcio	
Alimento	**en mg/100 g**
Harina de pescado	4.000
Sésamo	1.300
Algas	1.000
Quesos duros	750
Sardinas	300
Almendras	254
Gambas	200
Caviar	137
Leche entera	137
Quesos blandos	130
Judías secas	122
Frutos secos	120
Zanahorias	39
Cereales (de media)	30
Lechuga	26
Patatas	14

¿Cómo proteger el intestino?

Aprendí estos consejos del doctor Georges Pourtalet, cirujano que, durante más de cuarenta años, realizó un estudio sistémico sobre los problemas de colon y apéndice. Su teoría, que he podido verificar tanto en mí misma como en numerosas personas durante quince años, es la siguiente:

El sistema digestivo

Cuando comemos un bocado de algo, salivamos. La saliva inicia la digestión de los almidones aunque tiene, sobre todo, una función lubricante porque los alimentos deben resbalar hasta el estómago en lugar de quedarse atascados en el esófago. Una vez en el estómago, sufren una primera lluvia de ácidos gástricos,[52] cuya misión es neutralizar los elementos patógenos que no deben ir más allá (virus, bacterias) y empezar una primera trituración de los alimentos. Después, van saliendo del estómago muy despacio gracias al píloro. Este esfínter se abre y se cierra en función del progreso de la digestión. El bolo alimenticio recibe los jugos biliares y pancreáticos a través del esfínter de Oddi antes de llegar al intestino delgado.

Los jugos biliopancreáticos son alcalinos (pH8), no ácidos. Sirven para fragmentar las macromoléculas en micromoléculas absorbibles. Por ejemplo, gracias a la acción de estos jugos, una proteína se transformará en aminoácidos.

Podemos vivir sin saliva o sin estómago, pero no sin estos jugos biliopancreáticos. Es el único «factor de autodestrucción total» del que disponemos y que resulta indispensable para nuestra supervivencia. Sin estos jugos, no podríamos fragmentar los alimentos para que atravesaran la pared semiporosa del intestino delgado y nos alimentaran. Resulta paradójico que estos jugos sean extremadamente corrosivos. Si te metieran en una bañera llena de estos jugos, te disolverías entero, a excepción de los huesos. Ahora bien, estas secreciones se quedan con el bolo alimenticio en el intestino delgado entre 6 y 8 horas y, en el colon, entre 24 y 78 horas.

---

52. A un pH muy ácido, variando de un pH5 a un pH1 o 2.

El doctor Pourtalet se hace la siguiente pregunta: «¿Por qué el intestino delgado es tan largo si sabemos que la parte esencial de la nutrición tiene lugar en el primer tercio del tubo?». Cuando se han asimilado las vitaminas, los minerales, los aminoácidos y los azúcares, los desechos deberían evacuarse rápidamente; es decir, dirigirse hacia el colon descendiente y el recto.

La respuesta es lógica: el intestino delgado es el único órgano que contiene una mucosidad capaz de neutralizar estos jugos biliopancreáticos. El colon no está del todo preparado soportarlos. Así pues, tienen que estar totalmente disueltos antes de llegar al colon.

Si, debido a una mala gestión alimentaria (café con leche, por ejemplo), los jugos biliopancreáticos llegaran libres al colon, atacarían de forma peligrosa a la mucosa.

Para retrasar este ataque, el apéndice y después el colon ascendente (el colon derecho) ejercen una función de freno al «prevenir» al cerebro de la agresión al sistema digestivo. Entonces, el cerebro da la orden de cerrar todos los esfínteres[53] y el intestino delgado se dilata para ralentizar la progresión del bolo alimenticio y te hinchas. Durante este periodo, el colon tiene tiempo de fabricar de urgencia una mucosa, cerca del intestino, con el agua de la sangre, así como con minerales esenciales como el calcio, el potasio, el hierro y el magnesio. A largo plazo, puedes sufrir desmineralización, osteoporosis, inflamaciones digestivas, colitis, quemaduras o cáncer.

Cuanto más comas, más jugos nocivos fabricarás a la salida del estómago. Es la razón de que este órgano se limpie mediante unos pequeños chorros regulares durante unos 25 minutos hasta que la llegada de estas secreciones «avisan» al apéndice de que estás comiendo.

Sin embargo, hay muchas personas que digieren bien, que no sufren ningún problema digestivo y que, no obstante, están en peligro. Para hacer callar al estómago, el cerebro los obliga a comer más líquidos que sólidos, acelerando este proceso de limpieza. Los obliga a fumarse un cigarro después de comer y eso abre el píloro. Los obliga a comiscar entre las comidas, preferentemente productos lácteos o azucarados, cosa que enjuga y diluye los jugos gástricos ácidos. Estas personas suelen sentir debilidad hacia todo lo azucarado, que hace segregar las enzimas

---

53. Píloro, esfínter de Oddi, ciego.

pancreáticas mucho más deprisa, sabiendo que el cerebro no detecta el reflujo hacia el estómago, al contrario que con los jugos biliares.

Para el doctor Pourtalet, estas enzimas son el factor de cancerización celular más importante.

Los consejos del doctor Pourtalet

- Empieza siempre las comidas con una fécula. Después, puedes comer verduras crudas, carne o verduras que asociarás con un alimento absorbente (arroz, patatas, pasta sin gluten, garbanzos, etc.), y termínalas con una pieza de fruta o una compota de fruta.
- Evita beber mientras comas o bebe lo menos posible.
- Desconfía de los fritos que hacen que la bilis se segregue más deprisa.
- Por la mañana, no te bebas un vaso de agua porque, si lo haces, los jugos biliopancreáticos no encontrarán ningún obstáculo para llegar al colon. Empieza con un alimento sólido cuya función será enjugarlos. Lo ideal es el arroz. Sólo podrás beber después, en poca cantidad y eliminando los alimentos azucarados, lácteos y los zumos de frutas.
- Para acabar, limitarás los lácteos, cuyo calcio se fija en los vasos sanguíneos, los cartílagos y los órganos (cristalino, fibroma, pecho). El exceso de calcio es el principal factor de envejecimiento vascular, de los tejidos (favorece las arrugas), articular y cerebral.

Si observas las tradiciones culinarias de todos los países del mundo, verás que cada cultura siempre asocia una fécula a sus platos: el arroz para los asiáticos y los indios, las judías para los habitantes de los países del Este, América Central y América del Sur, el pan y las patatas para los occidentales. Las tradiciones ancestrales nos demuestran, una vez más, que nuestros antepasados, mediante el sentido común, eran mucho más sabios que nosotros, aun disponiendo de tanta ciencia.

Comiscar

¿Quién no se ha paseado por una feria o un mercado y ha probado varios productos de la tierra? Son muchas las personas que, sin prestar demasiada atención, comiscan todo el día pero, ¡claro!, no es gran cosa: un caramelo por aquí, una galleta por allí, o un chicle, un café con azúcar, un vaso de zumo o cualquier otra cosa.

Puede que creas que no es nada. Como no tienes problemas de peso, crees que no es grave si tú, o tu hijo, os pasáis el día mordisqueando palitos de zanahoria o galletas. ¡No te engañes!

Para digerir una comida, se necesitan entre 4 y 7 horas. Cuantas más grasas cocidas y más carne grasa a la plancha o a la sartén hayas comido, más largo será el proceso de vaciado del estómago. En cambio, si cocinas al vapor y haces las salsas con aceite de oliva de primera presión en frío, la digestión será mucho más rápida. Una vez terminada, hay una contracción determinada, el complejo motor migrante (CMM), que recorre todo el intestino delgado, desde el píloro hasta el ciego. Esta onda peristáltica tarda, aproximadamente, unos noventa minutos en limpiar el intestino. Basta que te comas un chicle, una ramita de apio o un caramelo para detener el peristaltismo y relanzar todo el proceso de la digestión. Gracias al flujo líquido desprovisto de alimento que propulsa, el CMM limpia el intestino e impide que las bacterias y las macromoléculas se queden almacenadas allí. Si este proceso de limpieza se interrumpe por la ingesta de un bocado azucarado de cualquier cosa, una parte de los elementos nefastos destinados a la evacuación se almacena, pasa a la sangre, desequilibra el sistema inmunitario e invade el organismo.

A cada ingesta de alimentos, el intestino sintetiza las sustancias hormonales (el péptido P y la leptina, que cortan el apetito), y la tasa de grelina se hunde. Un nivel muy elevado de esta hormona provoca una fuerte sensación de hambre.

En caso de bulimia o de obesidad, la secreción de péptido YY y de leptina es menor. De hecho, este control se difumina en caso de picar, y sobre todo si se trata de productos grasos ingeridos fuera de las dos comidas principales (quesos, fiambres, mantequilla y bollería).

El mecanismo de secreción implica al nervio vago, al estómago, al páncreas y al cerebro. Al ser tan complejo, sólo se puede controlar de una forma: evitando comiscar para conservar un mecanismo regulador intacto y no morirnos de hambre cada dos horas.

El apetito sólo viene cuando se come; ¡el hambre también!

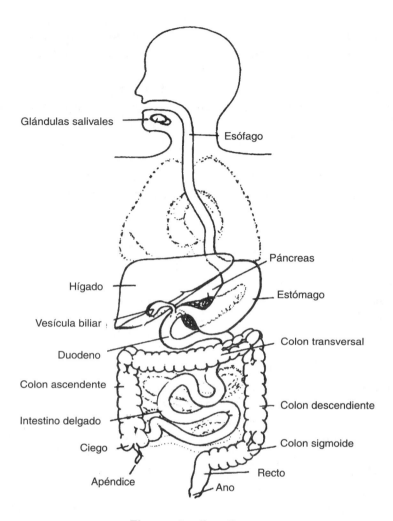

Glándulas salivales

Esófago

Páncreas

Hígado

Estómago

Vesícula biliar

Colon transversal

Duodeno

Colon ascendente

Colon descendiente

Intestino delgado

Colon sigmoide

Ciego

Apéndice

Recto

Ano

El aparato digestivo
(Extraído de *Tissue Cleansing through Bowel
Management*, de Bernard Jensen)

Las células del intestino se renuevan cada tres o cuatro días. Si sobre-
cargas el organismo comiendo demasiado y demasiado a menudo, lo estás obligando a trabajar en exceso, y eso implica una mayor actividad
celular.

«Este proceso —nos explica Robert Masson— aumenta las mutaciones
del ADN potencialmente cancerígenas. Se convierte en la causa principal

de la cancerización del intestino delgado y del colon, y la función protectora de las fibras, vitaminas y antioxidantes parece muy secundaria ante los desgastes provocados por el hecho de comiscar.»

Cualquier agotamiento, ya sea intelectual, físico o digestivo, conlleva una importante oxidación, un envejecimiento prematuro y puede provocar enfermedades debidas a la debilitación del sistema inmunitario.

Picar entre comidas puede favorecer las infecciones por repetición, el aumento de peso regular y un ataque lento pero constante a tu vitalidad. ¡Tú eliges!

Los omega 3[54]

Cuando hablamos de grasas, nos encontramos frente a un gran malentendido: se las acusa de taponarnos las arterias, de subir los niveles de colesterol y de engordar cuando, en realidad, son indispensables para gozar de una buena salud.

Aunque claro, ¡hay grasas y grasas!

- Las **perjudiciales** son todas las denominadas saturadas: mantequilla, nata, manteca de cerdo, fritos,[55] aceite de palma. El cuerpo sabe fabricarlas solo, así pues, no tiene necesidad de aportes externos, a no ser que sea en cantidades mínimas.
- Las **beneficiosas** son todas las grasas insaturadas: normalmente conocidas como mono o poliinsaturadas, porque el organismo no sabe cómo fabricarlas y, por lo tanto, tiene una necesidad vital de ellas. Participan en el funcionamiento de numerosas actividades: el corazón, el cerebro (contiene un 60% de grasas, principalmente poliinsaturadas), los ojos, el sistema inmunitario, el sistema nervioso, la piel, etc.

La pista para iniciar esta investigación la dieron los esquimales. Según estudios realizados, estas poblaciones casi nunca sufrían infartos y no conocían enfermedades de la piel como la soriasis, los problemas

---

54. Para ampliar información sobre este tema, véase *Omega 3* del doctor Dominique Rueff, Éditions Jouvence, 2004.
55. Los fritos producen ácidos grasos que el organismo transforma en moléculas tóxicas.

inflamatorios, las alergias o las enfermedades autoinmunes. Entonces, los estudiosos se dieron cuenta de que los esquimales consumían grandes cantidades de pescado rico en omega 3. Al complementar la alimentación de los voluntarios en los experimentos con omega 3, se consiguieron los mismos resultados: una salud, una moral y una piel mejores, y una inmunidad redescubierta.

El Instituto Pasteur de Lille, dirigido por el doctor Lecerf, realizó un estudio sobre los depresivo con el que consiguió grandes resultados. Había un grupo que consumía perlas de aceite de oliva (ácido graso monoinsaturado) y otro grupo que consumía aceite de pescado de aguas frías rico en omega 3. El resultado superó todas las expectativas en muy poco tiempo: los pacientes del segundo grupo dormían mejor, eran más optimistas, estaban más en forma, menos emotivos y ya no pensaban en el suicidio.

A partir de su función principal en el cerebro (los omega 3 facilitan las conexiones entre los neurotransmisores), podemos extender sus acciones a todas las enfermedades psiquiátricas (autismo, esquizofrenia, epilepsia, etc.). Asimismo, protegen al organismo de los perjuicios del deporte intensivo (tendinitis, carencias minerales, oxidación, mala oxigenación de los tejidos y del cerebro), aunque también cuidan el esqueleto al evitarle los fenómenos inflamatorios y los riesgos de pérdida ósea (osteoporosis). Se considera que los omega 3 son los antiinflamatorios más poderosos.

¿Por qué las grasas del pescado de aguas frías son de mejor calidad que las del pescado de aguas cálidas? Estas grasas, que se coagulan a partir de los −40° C, mientras que las otras lo hacen a partir de los 0° C, son más flexibles y protegen mejor el organismo.

Seguro que alguna vez has oído hablar del «régimen cretense», rico en nueces, verdolaga, caracoles, frutas y verduras frescas, cereales y leguminosas. Igualmente rico en polifenoles, vitaminas y minerales, este régimen ayuda a proteger las arterias y la salud gracias a las enzimas que favorecen la transformación de los omega 3 vegetales (ALA) en EPA y DHA (omega 3 animal). En el caso de los bebés y los ancianos con problemas de falta de vitaminas y minerales o con diabetes, después de una enfermedad vírica, y en el caso de los alcohólicos y otros ejemplos, esta transformación no se realiza de la forma correcta.

Para estar seguro de asimilar los dos tipos de omega 3, será mejor utilizarlos los dos:

- Para cubrir tus necesidades diarias de omega 3 vegetal (ALA), tienes que consumir una cucharada sopera de aceite de colza de primera presión en frío, una cucharada sopera de granos de lino (en remojo desde la noche anterior o molidos en el momento de consumirlos) o entre 5 y 10 nueces de Grenoble o pecanas.
- Para los omega 3 animales (EPA y DHA), tienes que comer 70 g de salmón fresco de río o biológico, 90 g de sardinas, 120 g de atún fresco crudo o cocido al vapor (evita el atún enlatado que, debido a las preparaciones industriales, ha perdido gran parte de las grasas buenas [los omega 3 son muy sensibles a la oxidación del aire y las cocciones]), o tres huevos biológicos de granja o enriquecidos con omega 3.

Si no te apetece comer este tipo de pescado cada día, puedes complementar las comidas con perlas de aceite de pescado de aguas frías[56] para cubrir tus necesidades de omega 3. Estos complementos garantizan la ausencia de metales pesados (mercurio) y contribuyen a fluidificar la sangre y a reducir los niveles de colesterol. Únicamente deberían tener cuidado con estos productos las personas que van a someterse a una operación, los hemofílicos y los enfermos que estén tomando anticoagulantes.

Formas de cocción

La cocción es la última etapa de la preparación de los alimentos. Si la alimentación sin gluten ni caseína destruye los elementos vitales beneficiosos de la cocina para la salud, ¡vamos mal! La cocción puede destruir el alimento, pero también puede fabricar sustancias tóxicas.

El dominio del fuego siempre ha sido una de las principales preocupaciones del hombre. Hace más de 6.000 años, los chinos inventaron la cocción al vapor. «Un poco de calor aumenta la energía. Demasiado calor, la

---

56. Eskimo 3 de Bionutrics, Alkoxyl de Lescuyer, Aceite de pescado salvaje o de salmón + vitamina E de La Royale.

estropea», nos dicen. Una cocción demasiado potente destruye las enzimas y las vitaminas y transforma los minerales en compuestos inasimilables.

¿Para qué sirve la cocción?

Sirve, principalmente, para dos cosas: primero, para destruir los elementos que pudieran resultar tóxicos (virus, bacterias, parásitos) y después, para ablandar las fibras con objeto de que el alimento sea más asimilable. Gracias a la sutil alquimia de la cocina, los sabores se transforman, se armonizan y se desprenden delicados aromas para aguzar mejor el placer y el apetito.

Las cocciones tóxicas

Las consecuencias de las cocciones tradicionales deberían hacernos reflexionar: las temperaturas superiores a 47° C (excepto al vapor) destruyen las vitaminas; tanto en un medio seco como en uno líquido, las enzimas sólo resisten 60° C (excepto al vapor, que tolera 95° C a una temperatura constante); con las altas temperaturas (más de 110° C), las moléculas se degradan, se desnaturalizan y cambian su estructura física. De este modo, determinadas proteínas que deberían haber contribuido a la construcción de nuestro cuerpo acaban siendo inutilizables para el organismo.

Y ésta es toda la diferencia entre lo vivo y lo muerto. Las cocciones clásicas matan los elementos vivos. Las propiedades de las moléculas cambian y se convierten en sustancias inasimilables, como algunos pescados. La más conocida es la «reacción de Maillard»: es una reacción entre los aminoácidos y los azúcares que puede producirse a temperatura ambiente, pero cuyo ritmo se ve fuertemente acelerado por el calor seco. Provoca ennegrecimientos (caramelización, dorado de los asados, los pasteles y el pan) y sabores agradables. Sin embargo, los inconvenientes son muchos: esta reacción no se puede romper a nivel enzimático. Los aminoácidos están bloqueados y acaban siendo biológicamente ineficaces. Y más aún cuando, en una segunda etapa, acaban simplemente destruidos y las sustancias que habían formado demolerán los aminoácidos que estaban intactos hasta ese momento.

Se ha constatado que determinados productos de la reacción de Maillard tenían propiedades tóxicas: la intensidad de la reacción es proporcional al calor que se aplica (tiempo + duración). La caramelización del azúcar también puede producir derivados mutágenos, es decir, cancerígenos. Estas sustancias son muy parecidas al alquitrán (benzopireno, hidrocarburos aromáticos policíclicos que se encuentran, sobre todo, en las carnes y los pescados asados o ahumados).

• LOS ASADOS

En un simposio médico celebrado en Toulouse el año 1981, se anunció claramente que un asado a la barbacoa, con carbón de leña, contenía el alquitrán equivalente a mil cigarros inhalados. Este alquitrán ataca a las mucosas en general, ya sean pulmonares o intestinales, porque ambas son muy frágiles. Si vas a hacer una barbacoa, utiliza de las verticales, para evitar el abrasamiento del carbón encima de la carne. Con el fuego delante, el riesgo es menor.

• EL HORNO MICROONDAS

Desde un punto de vista bioquímico, las vitaminas no se destruyen más que en un horno normal. Y los minerales incluso sufren una alteración menor. Sin embargo, desde un punto de vista biofísico, se observa un cambio de estructura radical. *The Lancet*, una publicación científica británica conocida por su seriedad en la investigación, nos explicó, en la década de 1980, que los investigadores, después de haber dejado una muestra de leche de vaca en el microondas, observaron que un aminoácido (la L-prolina)[57] se había transformado en una sustancia tóxica para el sistema nervioso, el hígado y los riñones (la D-prolina).[58] Para observarlo, bastaron unos pocos segundos. Por otro lado, la física cuántica nos revela la importancia de los electrones en la vida. El horno microondas los desactiva completamente.

La importancia de los electrones

Las células del cuerpo funcionan como las pilas, con un polo positivo (protones) y un polo negativo (electrones). Si predomina el polo positivo, el sistema muere; si el que predomina es el polo negativo, lo que se obstaculiza

---

57. L de *levógiro*, porque la molécula gira hacia la izquierda.
58. D de *dextrógiro*, porque la molécula gira hacia la derecha.

es la vitalidad y la renovación del sistema, porque los electrones favorecen las reacciones metabólicas y los intercambios celulares. Didier Rauzy, un especialista en bioelectrónica, dice: «La salud y la vitalidad dependen, entre otras cosas, de la riqueza electrónica del cuerpo». Ahora bien, el sistema de vida moderna está muy empobrecido: el agua tratada con cloro o con ozono, los radicales libres, los métodos de conservación industriales y las cocciones demasiado fuertes y demasiado largas destruyen los electrones. El cuerpo se oxida más deprisa, envejece y prepara lentamente el terreno para la aparición de enfermedades degenerativas (alergias, asma, cáncer, etc.).

• LOS FRITOS

Casi todos los aceites son refinados,[59] y después los someten a un proceso desodorizante mediante la elevación de la temperatura (de 120 a 250° C) durante varias horas. A continuación, los recalientan para confeccionar los fritos y los buñuelos. Y es justo aquí donde aparecen las sustancias tóxicas, como las acroleínas, extremadamente irritantes para las mucosas.

• LA COCCIÓN AL VAPOR A PRESIÓN

Muchas amas de casa la siguen utilizando. Deben saber que el hecho de meter los alimentos bajo presión (aunque después bajen la temperatura) destruye las vitaminas y precipita los minerales, dejándolos inasimilables.

Entonces, ¿nos veremos obligados a volver a la era de las cavernas y condenarnos, como la tribu de Rosny, cuyo fuego se extinguió, a comer sólo carne cruda y plantas amargas? No, porque hay formas de cocción beneficiosas.

Las cocciones beneficiosas

• **La cocción a la sal:** permite eliminar las grasas, que la sal absorbe, sin crear sustancias tóxicas. La sal hace de pantalla de protección entre el calor y el alimento.

---

59. Excepto el aceite de oliva virgen de primera presión a frío, el único que procede de la fruta, y no del grano.

- También se puede observar el mismo fenómeno en la *cocotte* **Römertopf.** Aunque hay que ir con cuidado de no consumir los jugos, que contienen todas las toxinas y las grasas.

- **La cocción al baño María** es excelente para los cereales y las preparaciones líquidas. Respeta la naturaleza del producto, lo cuece con suavidad y nunca supera los 100° C.

- **La cocción a fuego lento** permite obtener guisos y potajes muy finos. Aunque hay que vigilar que las burbujas del agua sean propias de este tipo de cocción (99° C) y no del punto de ebullición (+100° C). El hervor del fuego lento se reconoce por las burbujas pequeñas, distintas a los borbotones grandes y violentos del agua hirviendo. Esta cocción preserva las sales minerales, mientras que la ebullición las transforma y las convierte en inasimilables. Las vitaminas y las enzimas se destruyen en ambos casos.

- **La cocción estofada** es un método que preserva las sales minerales, pero que no permite extraer los elementos tóxicos (pesticidas, toxinas, el exceso de grasas).

- **La cocción al vapor** (95° C) es, con mucho, la cocción ideal y la más respetuosa. Preserva todos los elementos nutritivos (vitaminas, enzimas, minerales) al tiempo que elimina las toxinas naturales (grasas, purinas, bacterias) y artificiales (pesticidas) del alimento. Este tipo de cocción respeta la integridad de los alimentos y permite cocinar sin sal porque, como las sales minerales de las verduras están intactas, siempre están presentes en el sabor. Este tipo de cocción tiene la ventaja de ser muy rápida y de no desprender olores desagradables debido a la destrucción de los alimentos. La alimentación al vapor diaria revitaliza, es rica en electrones, más ligera y más sabrosa. Es una compañera magnífica para la alimentación sin gluten ni caseína.

CUARTA PARTE

TESTIMONIOS

Mauricette Alessandri (París)

Volví de mis vacaciones en Normadía después de haber disfrutado mucho de la cocina local a base de trigo y leche de vaca. Mi estado de salud era particularmente inquietante: adelgazaba a un ritmo sobrecogedor, estaba hinchada, tenía flatulencias; comiera lo que comiera, mi cuerpo lo rechazaba en forma de diarreas muy dolorosas. Ya no tenía músculos y me dolían las articulaciones. Además, sufría pérdidas de memoria importantes y me sentía muy deprimida.

Como la medicina tradicional no encontraba nada, tuve que escuchar muchas veces eso de que todo eso «está en la cabeza». Cuando te conocí, seguí tus consejos: suprimí completamente el gluten y los lácteos de vaca y de oveja de mi alimentación. Ahora voy a comprar con las gafas y una lupa para leer las etiquetas porque estas sustancias están por todas partes. Conservo las antiguas recetas, y lo único que hago es sustituir la leche de vaca por leche de arroz o de soja, la harina de trigo por harina de arroz, quinua o mijo para los platos salados y, para los dulces, utilizo harina y leche de castaña o de coco. Yo misma me hago el pan, que cuezo con el Vitaliseur;[60] es rápido y sale delicioso. Disfruto de la comida y me levanto de la mesa saciada y feliz. Fuera de casa, como en restaurantes chinos, japoneses y tibetanos.

---

60. *Le Vitaliseur de Marion*: www.vitaliseur.com.

113

Ahora, a los 63 años, he recuperado una forma física «olímpica» y una moral a prueba de bomba. Jamás tomo medicamentos; me has enseñado a saber administrar la comida sin por ello perder el placer de sentarme a la mesa.

Liliane Huray (Haute Rivoire)

Ya hacía tiempo que, de forma progresiva, había ido perdiendo el ánimo. Cada vez estaba más triste y ya no me ilusionaba nada. En 2003, la fatiga se convirtió en una extenuación casi total. Tenía que concentrarme mucho para conducir y, como estaba lenta de reflejos, me convertí en un peligro público.

Después de los dolores insoportables en las rodillas, ya había reducido la cantidad de lácteos que consumía. Y los dolores habían desaparecido. Pero lo peor eran las migrañas que sufría desde hacía tres años y que cada vez eran más frecuentes y más dolorosas. Incluso pensé en suicidarme. A finales del año 2003, suprimí todos los lácteos.

Después de escucharte, a principios del 2004 también suprimí todo el gluten. ¡Y eso que hacía dos años que yo misma me hacía el pan en casa! Pero estaba dispuesta a cualquier cosa para terminar con aquel suplicio. Tres meses después, todo volvía a estar en orden. Las migrañas se fueron espaciando más y cada vez eran menos intensas, la fatiga disminuyó y, progresivamente, recuperé la alegría de vivir. Mi estado de salud mejora día a día. Me ha cambiado el color de la cara y tengo menos arrugas. Una amiga que me ve con bastante frecuencia me ha dicho: «¡Cómo te ha cambiado la piel! ¿Tienes una crema mágica o qué?». Ahora incluso puedo trasnochar, porque antes estaba demasiado agotada para hacerlo. He recuperado los reflejos al volante y puedo conducir largas distancias, algo inimaginable hace un tiempo.

Claudine Moinet (París)

Después que me dijeras que, probablemente, era intolerante al gluten, cuando volví a casa consulté mis libros de alimentación y me compré un recetario de comida sin gluten. Desde que eliminé el pan y todo lo que contiene gluten, mi vida ha cambiado por completo o, mejor dicho, mis noches han cambiado. ¡Por fin puedo dormir y no tengo tantos sofocones! Desde los 22 años, entre la una y las cuatro de la madrugada, me despertaba y me pasaba las horas leyendo… y ninguno de los tratamientos a los que me había sometido hacían remitir los sofocones. ¡Gracias, Marion!

Carole (Avignon)

Desde el tercer día de supresión del gluten, ya noté la diferencia; fue como si hubieran levantado un velo, como si hubieran quitado el polvo que me cubría y me tenía presa psicológicamente y del que no sabía nada… excepto una cosa: la ausencia de gusto en la boca que cada día me hundía más y más, había desaparecido, literalmente. Yo, que nunca estaba en forma antes de las cinco de la tarde, ahora me levantaba llena de confianza y felicidad.

Ahora me doy cuenta de que estaba absolutamente deprimida… No me extraña que los linfocitos T4 (soy seropositiva desde 1994) estuvieran estancados por debajo de los 200, y eso después de casi dos años. Y en apenas tres meses, alcancé los 270. Sobra decir que, cuando supe los resultados, salté de alegría. A mi médico no le quedó otro remedio que animarme a seguir con esta dieta. Por fin había encontrado una cierta serenidad. El organismo es un conjunto y cada vez soy más consciente de esta nueva necesidad de alimentarme que me da fuerzas y bienestar físico, y la mente se contagia de este buen estado. ¡Gracias, Marion, por haberme permitido entenderlo!

Catherine S. (Var)

Quiero que sepas que, tan sólo aplicando de forma estricta tus consejos nutritivos, al cabo de una semana ya sentí un enorme bienestar. ¡Ya no me duele la barriga y el tránsito intestinal incluso se ha regulado! ¡Es muy agradable dejar de sufrir después de tantos años haciéndolo!

Véronique (Var)

Volví a hacer la dieta sin gluten, ahora con más seriedad, y a los pocos días ya dormía mucho mejor. A partir de ahora, seguiré todas tus indicaciones. ¡Muchas gracias!

Simon Blanchard, un joven adulto autista con síndrome de Asperger a la espera de diagnóstico

(Fuente: «La dieta sin caseína ni gluten», artículo aparecido en *L'Expres* en la primavera del 2000)

«La dieta sin caseína ni gluten se tiene que planificar con antelación y la persona que la sigue se ve privada de casi todos sus alimentos preferidos. El motivo por el que la dieta es tan complicada de seguir se debe a la dependencia del autista de esos alimentos, puesto que la caseína está presente en los productos lácteos y el gluten, en el trigo, la avena, el kamut, la sémola, el centeno, la cebada y el almidón. Así pues, cuanto más necesite el autista el trigo y los lácteos, más útil le será esta dieta. Con ella, la dependencia del gluten y la caseína desaparece en varias semanas.

Los autistas que son más o menos funcionales pueden pensar que la dieta no les será muy útil. Debo advertirles que las personas dependientes sufren una deformación del juicio. Yo, que soy racional hasta el extremo y poco emotivo, me quedé muy sorprendido al constatar las dimensiones de tal deformación. Después de largas reflexiones, llegué a la conclusión de que la sola presencia de dicha deformación demostraba la existencia de una dependencia. No quería rechazar un tratamiento si no era por una buena razón, así que decidí empezar la dieta para servir como ejemplo a la comunidad de enfermos de Asperger y para curarme, al menos eso esperaba.

Empecé comiendo sólo un plato con gluten cada cuatro días y no más de dos cucharas soperas de leche al día. A los tres meses del inicio de la dieta, la mitad de mis síntomas habían desaparecido. Mi rostro perdió rigidez y ahora puedo leer la mayoría de las emociones en la cara de los demás; por ejemplo, para mí fue toda una revelación poder encontrar con la mirada a aquellas personas que no entendían bien las discusiones del grupo. También ha mejorado mi sentido de la orientación. Además, tengo un aspecto menos excéntrico y puedo hacer amigos con más facilidad.

Recomiendo encarecidamente esta dieta. Incluso recomendaría que también la siguiera la familia del autista con objeto de aportarle apoyo moral y para evitar la constante presencia de tentaciones en la nevera.

Para implantar la dieta, sugiero el siguiente protocolo:
- Haz la compra verificando siempre los ingredientes de cada producto.
- Sigue la dieta de forma estricta: ni gluten, ni caseína.
- Prueba un alimento nuevo o elimina otro y observa los cambios.
- Espera uno o dos días entre estas pruebas.
- Realiza estas pruebas otra vez al cabo de un mes para estar seguro de los resultados. Si el resultado es el mismo, añádelos a la lista de «aceptados» o «prohibidos» según cada caso.

Al cabo de dos o tres meses, prueba, de forma muy progresiva, el nivel de tolerancia a pequeñas cantidades de gluten y caseína (una porción cada cuatro días). Cuando compruebes qué cantidad provoca un retorno perceptible de los síntomas, divide dicha cantidad entre dos o tres para obtener la cantidad segura. Es posible que algunas cosas no se toleren en absoluto.

Puede que esta dieta no sea muy rica en calcio, así que tienes que añadirlo. Tómate, por ejemplo, el zumo de naranja de Minute Maid reforzado con calcio. Yo no pude permitirme las multivitaminas pero, si hubiera dispuesto del dinero suficiente, las habría tomado. Sugiero tomar suplementos multivitamínicos y minerales para evitar las carencias nutricionales. Además, algunos padres creen que es obligatorio darles a sus hijos mucha leche de vaca. Y no es cierto, ¡porque la leche de vaca está hecha para los becerros! Es más, la intolerancia a la soja desapareció por completo ante la ausencia total de productos lácteos. […] Y si crees que esta dieta es cara, piensa en lo que cuesta la leche de vaca… Verás que es una dieta económica.

Puede que a mí me haya funcionado y a ti no te funcione, pero si al menos te he convencido para que la pruebes (personalmente, creo que el coste de no intentarlo es mucho mayor), os agradecería que transmitierais los resultados al grupo para ayudar a lo demás a identificar los alimentos-problemas imprevistos y las alternativas.

Emmanuelle (Ginebra)

Quiero agradecer a la autora de este libro su investigación y el trabajo destinado a todas las personas que sufren, entre otras cosas, la intolerancia al gluten. Yo era estudiante de medicina (pero no médico) y leía (perdón, devoraba), tumbada en una playa del Caribe, todos los libros de la doctora Kousmine, por quien siento una gran admiración debido a su trabajo sobre los ácidos grasos. Veinte años después, me sigo haciendo las mismas preguntas de forma autodidacta y constato que una alimentación sin gluten cambia la vida. Por mi parte, no consumo nada que contenga caseína. Tengo una hija de once años que ha sobrevivido al autismo, gracias probablemente a la vacuna de la rubéola (hipótesis: hipermeabilidad del intestino delgado). Actualmente está prácticamente recuperada. Sin todas esas personas que como usted han investigado sobre el tema, seguramente mi hija estaría hoy ingresada en una institución, es decir, que no podría ir al colegio. Actualmente casi ha recuperado todas sus capacidades cerebrales. He creado un blog al respecto por un artículo que el Tribunal de Ginebra (Suiza) le ha dedicado. Si le interesara… pero usted ya debe de saber mucho sobre el tema. Muchísimas gracias y un saludo. Si le interesara el blog, lo puede encontrar en la siguiente dirección: http://emmanuelleseve.unblog.fr/.

***

He recibido tantos testimonios de curación… El caso más espectacular es el de una persona de la Bretaña que me fue remitida por su doctor porque ya no sabía qué hacer con ella. La había medicado en el terreno hormonal, en su especialidad, y le había mandado hacer unos análisis para encontrar eventuales intolerancias alimentarias: el gluten y la leche no salían por ningún sitio. A pesar de eso, le dije que prosiguiera la dieta sin gluten ni caseína. Y esta mujer que, desde hacía más de veinte años, sufría unos dolores atroces, hinchamientos y desmayos vio cómo, en varias semanas, el 80% de los síntomas desaparecían. Y no era intolerante al gluten y a la caseína, ¡sino alérgica! ¡Y los laboratorios no lo habían sabido detectar!

Por eso te animo a que, aunque después de los análisis no te diagnostiquen ninguna intolerancia al gluten o a la caseína, los suprimas de tu alimentación al menos un mes para observar los eventuales cambios.

Si no pasa nada, será una experiencia más en tu vida.

Si observas una mejora considerable de tu estado de salud, ¿no crees que habrá valido la pena intentarlo?

Informaciones prácticas sobre la dieta
sin gluten ni caseína (SGSC)

El texto que reproduzco a continuación proviene de testimonios publicados en el info-TED por Marie-Christine y Sylvie, dos madres de Québec que aplicaron la dieta sin gluten en sus hijos y que me han autorizado a reproducir su mensaje para ayudar a aquellos padres que busquen alimentos sin gluten y sin caseína.

La dieta SGSC es, sin duda, uno de los primeros enfoques preconizados por los médicos del DAN: ya se trate de *Candida Albicans* o de otros microorganismos (se aconseja encarecidamente la supresión de los lácteos y el gluten para limitar los alimentos que aumentan esta proliferación), de intolerancia a esos productos (teoría del exceso opiado), de permeabilidad intestinal y, en principio, para una mayor eficiencia de los tratamientos de secretina y vitamina A.

Debemos recordar que, en ningún caso, una manipulación de la dieta o de los procesos metabólicos puede curar a una persona autista. En cambio, sí que puede mejorar su comportamiento y, por consiguiente, la calidad de vida de algunos niños y sus familias… Otros no responden al tratamiento, lo que nos recuerda la complejidad y diversidad de los orígenes del problema. A menos que puedas recurrir a exámenes precisos, como la búsqueda de péptidos urinarios o anticuerpos antigliadina y anticaseína (algo que exigimos en nuestras demandas al Ministerio de Salud en el seno de un protocolo de exámenes precisos y nuevos), fíate de tus observaciones y convicciones personales sobre cómo reacciona tu hijo después de la ingesta de determinados alimentos (rojeces en la cara, diarrea, estreñimiento, picores, hinchazón, gases, hiperactividad) o, sencillamente, por su predilección quizá demasiado selectiva y excesiva hacia determinados alimentos.

Vale la pena probar esta dieta, de forma rigurosa, al menos durante un periodo de tres meses. Si, realmente, no funciona, no habrá sido más perjudicial que haber probado los neurolépticos, que sí que tienen efectos secundarios a largo plazo, reconocidos a partir de ahora.

[…] Independientemente de las investigaciones médicas, mencionaré un estudio muy reciente que habla de la relación entre la alimentación y los problemas de comportamiento. Es un informe de 40 páginas que lleva por título: *Diet, ADHD and Behavior*, realizado por el Center for Science in the Public Interest (www.cspinet.org). Como el informe está en inglés, sólo traduciré un párrafo del final que dice así: «Negar el hecho de que algunos ingredientes alimentarios pueden exacerbar los problemas de déficit de atención, de hiperactividad y otras alteraciones del comportamiento demuestra la ignorancia de la investigación científica, y rechazar este aspecto de la investigación pone en gran peligro el bienestar de estos niños».

Hay que saber que los productos lácteos se eliminan bastante deprisa (en varios días) pero que, a diferencia de lo que muchos creen, no sólo se trata de la leche de vaca; la leche de cabra, todos los quesos, yogures, natas y mantequillas forman parte también de este grupo de alimentos. Puede que el organismo tarde entre ocho meses y un año en eliminar por completo todo el gluten.

Hay que tener en cuenta que esta dieta es extremadamente penosa y rígida y que tu hijo necesita la colaboración de todos los que tiene a su lado. Esto implica leer todas las etiquetas de los productos del supermercado porque estas dos proteínas prohibidas tienen la mala costumbre de aparecer en toda nuestra alimentación (salchichas, conservas, etc.) y, a menudo, se camuflan en los aditivos, los conservantes o los productos de sustitución cuyo nombre no da ninguna pista: aroma artificial, almidón modificado, proteína vegetal hidrolizada…

Esta dieta funciona mucho mejor con niños pequeños porque el ataque de dichos productos será reciente. Ten en cuenta que otros productos aparte del trigo y la leche también pueden suponer un auténtico problema. A menudo, hemos observado un periodo de regresión y de crecimiento de los síntomas conocidos que corresponde al periodo de destete y que es, en sí mismo, un buen indicio de la eficacia de la dieta. Asimismo, no debes olvidar que, a un niño de entre 1 y 10 años hay que darle la dosis diaria de calcio necesaria (entre 800 y 1.000 g al día). Si el niño se bebe un vaso grande de leche de arroz enriquecida o de soja o de patata, esa necesidad estará cubierta.

En las tiendas de alimentos naturales, no hay que fiarse de todo porque, aunque es cierto que existe una zona de productos sin gluten, todavía no existe ninguna de productos sin gluten y sin caseína. Encontrarás los siguientes productos, que sí se han verificado y se han declarado exentos de estas dos proteínas:

- **Sustitutivos del trigo:** el amaranto, la harina de arroz, el maíz (aunque a veces no lo toleran muy bien), las lentejas, el mijo, la fécula de patata, la harina de patata, la harina de quinua, los cereales de arroz, la soja (verificar la tolerancia), la harina de sorgo, la tapioca. La harina de trigo sarraceno también hay que eliminarla porque, a menudo, está contaminada por las demás harinas.
- En cuanto a los **aditivos y conservantes a desterrar por completo:** el glutamato monosódico GSM, los aceites y todos los tipos de grasas hidrogenadas. También hay que evitar: los nitritos y nitratos (principalmente, en salchichas y carnes frías), almidones modificados, colorantes y demás saborizantes.
- **Vinagres aceptados:** aquellos a base de arroz, de maíz, de patata, de sidra de manzana, de vino tinto o blanco, el vinagre balsámico. Vinagres no permitidos: el de malta y los aromatizados.
- **Prefiere siempre el aceite de oliva y los de primera presión en frío.**
- Toda la fruta, verduras y carnes frescas, sin olvidar los fritos, las patatas fritas y las patatas fritas de maíz.

Mi hijo entiende perfectamente la dieta e incluso puede explicarla a los demás con sus propias palabras. No se queja de todas las privaciones. Como yo misma soy alérgica a muchos alimentos, ya tengo la costumbre de leer las etiquetas de todos los productos antes de comprarlos. Uno se acostumbra rápido y acaba aceptando, con el tiempo, las pequeñas privaciones. Cuando uno empieza una dieta como ésta, es muy importante planificarla y descubrir los pequeños caprichos que están permitidos para sustituir las meriendas a base de trigo, los yogures y otros productos lácteos o con gluten. Esta dieta no es peor que ser vegetariano, diabético o hacer la dieta Montignac. Espero que mis consejos te ayuden.

SYLVIE

CONCLUSIÓN

Puede que llegues al final de este libro después de haber experimentado este nuevo tipo de alimentación. Si es así, seguro que has obtenido resultados positivos y cada día te sientes mejor en tu cuerpo.

Sin embargo, me gustaría añadir una cosa: aquí has comprendido que la alimentación representa una de las mejores vías de acción para preservar o recuperar la buena salud.

Comemos tres veces al día, 365 días al año, y esto es innegable. Nunca dejamos de respirar, y lo hacemos miles de veces al día, pero respiramos mal. Para que esta respiración nos aporte energía y vitalidad debemos practicar algún deporte, el que sea: marcha, correr, yoga, artes marciales, tenis, golf, equitación, ciclismo, caminar, etc., sin olvidar los ejercicios de calentamiento, la única garantía de la flexibilidad de las articulaciones a largo plazo. El mínimo son dos veces a la semana aunque, si puedes, hazlo con más frecuencia.

La salud es un conjunto. Debes aprender a dominar lo que está en tu poder: tu alimentación, tu respiración y, a otro nivel, tus emociones...
¡Pero esto ya es otra historia!

Mis remedios preferidos

Los pre y probióticos reequilibran el ecosistema intestinal de forma natural, lo purifican y restauran la flora intestinal. Mejoran la digestión, regulan el tránsito y permiten disminuir las fermentaciones y los hinchamientos. Reducen los efectos nefastos de los antibióticos. Además, previenen las diarreas de orígenes diversos, reducen la intolerancia a la lactosa, desintoxican y protegen de las toxinas.

Lo que deben los pre y probióticos

- Aportar varias cepas bacterianas.
- Estar asociados a prebióticos para soportar las bacterias de la flora intestinal.
- Estar asociados a un substrato para aportar nutrientes a las bacterias.
- Presentarse en polvo mejor que en cápsulas o comprimidos, porque el hecho de diluirlos en agua permite una mayor supervivencia de las bacterias en el tubo digestivo.
- Ser estables con el paso del tiempo.
- Tener una actividad biológica.
- Sobrevivir el paso por el tracto gastrointestinal.
- Se deben encontrar bacterias vivas en las deposiciones.
- Las bacterias deben adherirse a las paredes intestinales.
- Ser capaces de eliminar a los gérmenes indeseables.

- Influir favorablemente en la respuesta inmunitaria y demostrar su eficacia.

- **«Lactospectrum», del laboratorio Le Stum responde a todas estas cualidades porque:**

  - Está compuesto por 10 cepas bacterianas distintas (mil millones de gérmenes por gramo).
  - Las 10 cepas bacterianas (probiótico) están asociadas a un prebiótico (inulina de achicoria enriquecida).
  - La matriz, compuesta por un substrato que aporta nutrientes a las bacterias, está asociada a una mezcla que aumenta la actividad biológica de las bacterias.
  - Viene presentado en polvo dentro de una bolsita, listo para diluir en agua.
  - Su duración y estabilidad tienen una garantía de 2 años.
  - Las bacterias seleccionadas son estables, están vivas y resisten el paso por el tracto gastrointestinal.
  - Las bacterias se adhieren a la pared intestinal y favorecen la eliminación de los gérmenes indeseables.

  Posología recomendada: tratamiento de 20 días al mes, durante 2 o 3 meses, a razón de una bolsita diluida en un vaso de agua (dejar reposar 10 minutos para que las bacterias revivan) por la noche antes de acostarte.

- **«Ergyphilus», de Nutergia**

  Ergyphilus es un probiótico científicamente equilibrado con lactobacilos y bifidobacterias. Aporta el Lactobacillus rhamnosus GG que tiene propiedades esenciales demostradas en numerosos trabajos del Instituto Rosell (Canadá).
  Este lactobacilo contribuye a restaurar el equilibrio de la flora intestinal, estimula el sistema inmune, favorece la digestión de la lactosa y mejora la digestibilidad y asimilación de los nutrientes minerales.
  Se debe consumir 2 o 4 veces al día durante las comidas.
  Se puede asociar a ENTEZYM (asociación original de probióticos extraídos de fibras de fruta, residuos fermentados de trigo sarraceno y

arroz y glutamina). Estos elementos refuerzan la actividad enzimática y el equilibrio bacteriano en el intestino y favorece la regeneración de los entericitos.

Preparación: diluir de 2 a 4 cucharaditas al día en agua o en compota durante las comidas.

— *«Pro-biotic Plus», de Bionutrics*

Pro-biotic Plus contiene enzimas que optimizan la digestión de los almidones y la celulosa, además de bacterias intestinales simbióticas para el mantenimiento de la flora intestinal y la optimización de la inmunidad contra las bacterias y los mohos indeseables. Este probiótico se recomienda para personas que comen muchas verduras.

Posología recomendada: una cápsula en cada comida.

— *«Enterogenic Concentrate», de Bionutrics*

Este probiótico está especialmente recomendado para las personas carnívoras que comen pocas verduras y cereales.

Posología recomendada: una cápsula con cada comida.

— *«Xenosulf», de Le Stum,* es un poderoso desintoxicante. Por su composición (plantas y algas: extractos de diente de león, romero, olivo, espirulina enriquecida con selenio, chlorella), favorece la purificación y la eliminación de los contaminantes que perturban el buen funcionamiento del organismo. La clorofila y los polisacáridos tienen un considerable poder de quelación del mercurio, el plomo y el cadmio. El alginato acentúa la función de la quelación y previene contra los ardores de estómago, y también tiene una función antiviral, como la hoja de olivo. La espirulina y el selenio desarrollan un papel importante en el proceso de defensa contra los radicales libres y los daños que causan. La raíz de diente de león, rica en inulina y en lactosa, es muy útil para los problemas hepatovesiculares. Aumenta la secreción de bilis y facilita su evacuación, adquiriendo así una función laxante. Su uso también ha demostrado que mejora el sistema digestivo y excretor y purifica y sanea el organismo. El romero es muy eficaz para combatir los numerosos hongos y bacterias que llenan de parásitos el tubo digestivo y las vías respiratorias.

Posología recomendada: dos comprimidos al día durante 20 días bastan para eliminar el exceso de mercurio, plomo, cadmio y aluminio que aportan los alimentos, el agua o las amalgamas dentales.

— *«Griffonia simplicifolia», de los laboratorios La Royale*

La griffonia contiene 5-HTP triptófano, que es un aminoácido esencial. El hidroxitriptófano está presente en el grano de esta planta africana. Es un precursor de la dopamina, la melatonina (regulador del sueño), la noradrenalina y la betaendorfina. También es uno de los pocos aminoácidos indispensables para la síntesis de la serotonina. La griffonia, un producto natural, garantiza un reabastecimiento regular de serotonina nueva que se puede utilizar de inmediato gracias a la presencia de su precursor directo en el grano de la planta.

Posología recomendada: 2 cápsulas por la mañana y 4 cápsulas a las cuatro de la tarde + 4 cápsulas de hipérico antes de cenar para un breve descanso.

— *«Millepertuis», de La Royale*

El aceite de hipérico es excelente para las úlceras: tiene un efecto analgésico, antiinflamatorio y cicatrizante. A finales del siglo pasado, un investigador americano describió una acción beneficiosa del hipérico en el tratamiento de las depresiones leves, los problemas de sueño y estado de ánimo y en caso de estrés.

Posología recomendada: en tratamientos de 1 a 2 meses, a razón de 2 cápsulas por la mañana y a mediodía y 4 cápsulas a las cinco de la tarde.

— *«Aceite virgen de perilla», de La Royale*

La perilla es una planta de la familia de las lamiáceas, como la menta, el romero, la albahaca, la salvia y el tomillo. Contiene más de un 65% de omega 3 (ácido alfalinolénico), que permite un buen crecimiento y protege contra los neurotóxicos. Sus principales funciones, aparte de fluidificar la sangre, son prevenir las enfermedades cardiovasculares, los infartos, los problemas vasculares a nivel cerebral y los síntomas del síndrome premenstrual. También se utiliza para prevenir ciertas enfermedades de la piel, como el acné o la soriasis, así como para tratar el trastorno bipolar, la esquizofrenia, la epilepsia y las depresiones en general. El ácido graso esencial omega 3 del aceite de perilla asimismo actúa sobre el sistema digestivo y combate las inflamaciones que provocan la artritis reumatoide, el asma y determinadas alergias. Además, normaliza la producción de inmunoglobulinas que, en el caso de las personas alérgicas, es excesiva.

Posología recomendada: tratamiento de 3 meses a razón de 1 cápsula tres veces al día, antes de la cena. Para un efecto mucho más acelerado, puedes consumir hasta 6 cápsulas al día.

– *«Aceite de Haarlem», de La Royale*

Está compuesto por aceite de lino, azufre y esencia de trebentina. Limpia eficazmente todo el aparato digestivo y las vías respiratorias.

Posología recomendada: 1 cápsula antes de la cena durante 1 mes.

– *«Eskimo 3», de Bionutrics*

Debido a la polución de los océanos, en la grasa de los peces se acumulan grandes cantidades de productos tóxicos, de modo que el pescado graso ya no puede considerarse como un producto sano para consumir. El Eskimo 3 contiene grasas purificadas que eliminan los residuos de metales pesados y pesticidas. Este aceite 100% natural contiene un 38% de ácidos grasos omega 3 ricos en EPA y en DHA, asimilables directamente sin la ayuda de enzimas digestivas. Los demás porcentajes representan ácidos grasos favorables y antioxidantes (vitamina E natural).

Posología recomendada: 3 cápsulas al día como mantenimiento y 6 al día para un efecto acelerado.

– *«Aceite de pescado de aguas marinas frías», de La Royale, rico en omega 3 asimilable.*

Posología recomendada: 2-3 perlas por la mañana y 2-3 por la noche.

– *«Aceite de salmón + vitamina E», de La Royale, rico en omega 3 asimilable.*

Posología recomendada: 2-3 perlas por la mañana y 2-3 por la noche.

– *«Los omega 3 hidrosolubles», de Vectomega*

VECTOMEGA® es un complemento alimentario rico en fosfolípidos (constituyentes de las membranas celulares) y en omega 3 (EPA y DHA), que presenta numerosas ventajas con relación a los aceites de pescado clásicos. Extraídos del salmón por un proceso francés patentado, los fosfolípidos de VECTOMEGA® transportan rápidamente los omega 3 hacia los tejidos del cerebro, retina, hígado, senos, arterias y músculos, protegiéndolos de manera natural de la oxidación y asegurándoles, también, una mejor capacidad de integración en el interior de las membranas de las células (la vía más eficaz). Gracias a un aporte de EPA y DHA en proporciones adecuadas, VECTOMEGA® respeta las necesidades del organismo y lo protege del envejecimiento. VECTOMEGA® en comprimidos es un producto seguro (no es tóxico) y se tolera y se digiere muy bien. Rápidamente repara los daños de las membranas celulares, contribuye a prevenir los riesgos cardiovasculares, mejora la calidad de vida (sueño, memoria, concentración, tono) y es útil para todo tipo de inflamación.
Al ser hidrosoluble (soluble en el agua y no en las grasas) no tendrá ninguna subida desagradable.

– *«Los Acti-Bióticos», de Parinat*

Existe una alternativa a los probióticos, constituidos por «Acti-Bióticos» (o L.A.B®). A diferencia de los gérmenes vivos probióticos, los actibióticos están formados por compuestos termoestabilizados, es decir, estabilizados por el calor. El principio de estos acti-bióticos consiste en reactivar el sistema digestivo de cada individuo. De hecho, todos somos diferentes; cada uno de nosotros poseemos una flora intestinal personal, diferente a la de cualquier otro. Sería posible identificar a una persona analizando su flora, al igual que sucede con las huellas dactilares o el ADN. Al contrario de los probióticos, que aportan una mezcla de gérmenes externos que pretenden reemplazar la flora personal, los acti-bióticos reactivan la flora en su propia composición.

Además de este efecto favorable en la flora, los acti-bióticos ejercen un efecto directo y activo sobre las mucosas digestivas, sobre todo normalizando los intercambios entre el exterior y el interior del cuerpo. Estos intercambios conciernen, sobre todo, a la nutrición, pero también a la protección contra los microorganismos invasores o la resistencia a las alergias.

Los efectos acti-bióticos se han probado en numerosos estudios científicos y ensayos prácticos (doctor Seignalet, Fundación Kousmine).

Los acti-bióticos son exclusivos de la empresa Parinat. Entre los complementos comercializados por esta empresa, citamos L.A.B® *Symbiod'or* aux Actifs LB, especialmente desarrollado para reforzar las mucosas digestivas. Este producto se asocia, sobre todo, con la glutamina, aminoácido que ayuda a inhibir las inflamaciones del intestino. L.A.B® *Symbiod'or* lleva la etiqueta de la fundación Kousmine. L.A.B® *Digest* aux Actifs LB es también muy interesante por su acción en el estómago, órgano provisto de flora protectora. L.A.B® *Digest* permite el saneamiento del estómago, sobre todo al inhibir la proliferación de gérmenes contaminantes como el *Helicobacter* y contribuye a la protección de la mucosa gástrica. Esta aplicación tan particular de los acti-bióticos es objeto de patentes francesas y europeas.

— «*Ultra InflamX*», *de Bionutrics*

Es un complemento nutricional de gran calidad, hipoalergénico y vegetal a base de concentrado de proteínas de arroz enriquecido. Los hidratos de carbono están derivados del arroz y las grasas provienen del aceite de nabo que contiene omega 3 (ácido alfalinolénico). Se digiere y absorbe fácilmente. Tiene vitaminas A, B3, B6, C y E y minerales como el zinc, el magnesio, el manganeso, el selenio, la cúrcuma y el jengibre. Estos elementos ayudan a la desintoxicación del hígado y, gracias a sus propiedades antioxidantes, protegen contra los radicales libres y ayudan a la formación de prostaglandinas de paz (PGE1).

Es rico en sustancias alimenticias que mejoran la integridad de la mucosa gastrointestinal (la L-glutamina, la vitamina B5, el zinc y la quercetina).

– ¿Cuándo es necesario utilizar Ultra InflamX?

- En caso de convalecencia después de problemas intestinales u otros, originados o no por esfuerzos físicos intensos, estrés, un modo de vida poco sano, una alimentación desequilibrada, una intolerancia alimentaria o la exposición a productos nocivos en el ambiente.
- Para las personas que no consumen suficientes ácidos omega 3.
- Para las personas que están expuestas a toxinas, a fin de favorecer la desintoxicación del hígado.
- Para las personas que han tenido que tomar antibióticos.
- Para los deportistas que, durante los periodos de competición o de entrenamiento intensivo, quieran proteger la integridad de sus células corporales.

El uso de Ultra InflamX debería ir acompañado de mi dieta SGSC y puede combinarse con prebióticos para reforzar la flora intestinal (Enterogenic Concentrate) y con enzimas digestivas para optimizar la digestión (Pro-biotic Plus).

Posología recomendada: empezar con 1 cucharadita de café diluida en medio vaso de agua en cada comida durante 15 días, y después pasar a 1 cucharada sopera en cada comida hasta acabar el suplemento.

– «Ultra clear Sustain», de Bionutrics

Es un complemento nutricional hipoalergénico y vegetariano concebido para mejorar la función intestinal al aportar alimentos que protegen la pared intestinal. Contiene L-glutamina, ácido pantoténico y zinc, que son los elementos útiles para el crecimiento y el funcionamiento de las células de la mucosa gastrointestinal (enterocitos). El sistema inmunitario también utiliza el aminoácido L-glutamina como carburante en la sangre. Este complemento aporta inulina y fructo-oligosacáridos que ayudan a desarrollar la flora intestinal, ya que estos últimos son uno de los alimentos preferidos de las bacterias intestinales. Asimismo contiene vitaminas y oligoelementos, glutatión y antioxidantes que ayudan a depurar el hígado. No contiene gluten, caseína, lactosa, maíz, soja, levadura, leche, huevos, colorantes ni aromatizantes artificiales.

Posología recomendada: igual que la de Ultra InflamX.

– *«Ganocor», de Mycoceutics*

Inmunoestimulante excelente. Hecho a base de micelio de dos hongos el hongo nube (*Coriolus Versicolor*) y reishi (*Ganoderma lucidum*), que, asociados, son los mejores vigilantes de tu sistema inmunitario.

Lista general de los alimentos permitidos y prohibidos en la dieta sin gluten	
(Como esta lista es insuficiente para seguir correctamente la dieta, contacta con la AFDIAG, que te proporcionará la documentación necesaria.)	
Tipo de alimentos autorizados	**Tipo de alimentos prohibidos**
PRODUCTOS LÁCTEOS[61]	
Leche fresca, leche fresca pasteurizada, esterilizada UHT (entera, semidesnatada, desnatada), leche en polvo, leche concentrada (azucarada o no). Yogur, queso fresco, *petit-suisses* naturales. Quesos de denominación de origen controlada.	Yogur de cereales, *petit-suisse* de cereales o queso fresco con cereales. Leche aromatizada. Determinados preparados industriales a base de leche: flanes, cremas, leches gelificadas (verificar con el fabricante). Determinados quesos enmohecidos y quesos para untar. Queso Fol Épi.
CEREALES Y FÉCULAS	
Maíz, arroz, soja, trigo sarraceno, mandioca, sésamo, quinua y sus derivados en	Trigo (candeal, kamut, espelta), cebada, avena, centeno y sus derivados en forma de

(*Continúa en la página siguiente.*)

---

61. Prohibida en la dieta SGSC.

(*Viene de la página anterior.*)

Tipo de alimentos autorizados	Tipo de alimentos prohibidos
CEREALES Y FÉCULAS (*continuación*)	
forma de almidón, harina, fécula o sémola. Fécula de patata. Castañas naturales. Galletas de arroz (que contengan exclusivamente arroz, con o sin maíz y sin añadir otros cereales).	almidón, harina, sémola, copos, arroz salvaje. Pasta, raviolis, ñoquis, pan (todos los tipos), tostadas, bollos. Croquetas industriales. Pan rallado, pan de especias, buñuelos. Pastelería comercial (salada o dulce), pan ácimo, obleas.
CARNICERÍA Y VOLATERÍA	
Productos frescos naturales. Congelados naturales. Productos naturales en conserva. Carne picada «100% vaca».	Empanada o rebozada. Preparados a base de carne picada industrial.
CHARCUTERÍA	
Jamón de York. Beicon, paletilla cocida. Lacón sin empanar, pechuga de pavo (salada, ahumada o sin ahumar). Conservas, paté natural (sin tostadas). Salchichas naturales, salchichas de Estrasburgo, de Morteau, de Frankfurt, de Montbéliard (denominación de origen controlada), chicharrones finos.	Lacón empanado. Morcilla y morcilla blanca industriales. *Foie-gras* empanado, empanadas, quiches, volovanes rellenos de mollejas de ternera, pizzas. Relleno charcutero industrial. Puré, *mousse* y crema de hígado industrial. Determinados *foie-gras* industriales.
PESCADOS	
Frescos, salados, ahumados. Congelados naturales. En conserva: al natural, al aceite de oliva y al vino blanco. Crustáceos y moluscos al natural. Huevas de pescado.	Pescados enharinados o empanados. Croquetas industriales. Volovanes, creps y quiches de marisco. Surimi.
HUEVOS	
Todos autorizados.	

(*Continúa en la página siguiente.*)

(*Viene de la página anterior.*)

Tipo de alimentos autorizados	Tipo de alimentos prohibidos
MATERIAS GRASAS[62]	
Mantequilla, nata, margarina, aceite, lardo, manteca de cerdo, grasa de oca.	Determinados preparados *light* que contienen productos para ligar la masa.
VERDURAS Y LEGUMBRES	
Frescas, secas, congeladas al natural. Conservadas al natural. Patatas fritas, precocidas, al vacío. Patatas fritas de churrería (patata pura, sin aromatizantes).	Preparaciones industriales que hay que controlar. Verificar el envoltorio del puré de patatas, patatas fritas de bolsa y las patatas fritas precocidas. Patatas rellenas rebozadas. (Para las patatas fritas, no utilizar el mismo aceite que para los rebozados y los buñuelos). Conservas cocinadas.
FRUTAS Y FRUTOS SECOS	
Frescos, congelados al natural. Oleaginosos sin tostar (nueces de cajú, avellanas, almendras, cacahuetes, nueces...). Secos, en almíbar, en conserva al natural. Fruta confitada a granel. Compotas (fruta pura, azúcar puro).	Oleaginosos tostados. Higos secos y masas de frutos secos a granel (suelen añadir harina en el rebozado para evitarse la amalgama).
AZÚCAR, PRODUCTOS AZUCARADOS	
Azúcar de remolacha, de caña. Helados (azúcar y fruta puros), miel, caramelo líquido. Confituras con azúcar y fruta puros (sin productos espesantes). Cacao puro.	Determinados turrones y amalgamas. Cuidado con el azúcar lustre: verificar si contiene almidón de trigo. Verificar la composición del chocolate en polvo o en tabletas.

(*Continúa en la página siguiente.*)

---

62. Prohibida en la dieta SGSC.

(*Viene de la página anterior.*)

Tipo de alimentos autorizados	Tipo de alimentos prohibidos
POSTRES	
Sorbetes. Compotas. Macedonias. Crema de caramelo (leche, huevos y azúcar).[63] Cremas a base de maicena, crema de arroz, fécula de patata y gelatina. *Mousse* de chocolate: cacao, huevos, mantequilla y azúcar. Evitar las preparaciones industriales en polvo.	Masas para tartas. Todos los pasteles. Postres helados que contengan pastelería. Cucuruchos. Algunos helados sin pastelería (cuidado con los aditivos).
APERITIVOS	
Oleaginosos sin tostar (nueces de cajú, avellanas, almendras, cacahuetes, nueces...), aceitunas. Patatas fritas de churrería (patata pura).	Pastas saladas. Oleaginosos tostados.
BEBIDAS	
Todas, excepto la cerveza y gaseosa. Café, té, achicoria, infusiones, café soluble, zumos de fruta, refrescos con gas, vino, alcohol.	Cerveza. Gaseosa. Determinados polvos para diluir en agua.
CONDIMENTOS	
Finas hierbas, especias puras. Pimienta en grano. Pepinillos. Sal.	Evitar las mezclas de especias molidas (pueden contener almidón o harina de trigo para evitar la amalgama). Verificar la composición de la mostaza. Determinados curris, salsas de soja. Mostaza Savora.

---

63. Prohibida en la dieta SGSC.

Medicamentos que contienen gluten

Si sigues la dieta sin gluten, debes suprimir cualquier medicamento que lo contenga. Porque la dieta SGSC no funciona si no se hace a rajatabla. La digestión de la más pequeñaa cantidad de gliadina puede alterar los resultados esperados. ¡Sería una lástima hacer tantos esfuerzos y después destruirlos con un comprimido de paracetamol!

Como verás, no hay que fiarse de ninguna cápsula de plantas de la casa Boiron, de los productos que contengan quinina para combatir el paludismo, así como de remedios como el Tardiferon, que deberían aportar hierro y que, en cambio, contribuyen a agravar la carencia de dicho mineral y que, por lo tanto, puede provocar una anemia ferropénica, y todo porque el medicamento contenía gluten... Con el Spasfon (floroglucinol) sucede lo mismo: se supone que mejora la digestión pero, en el caso de personas intolerantes al gluten, se la empeora.

Los productos farmacéuticos pueden utilizar gluten, harinas, almidones u otros derivados para la preparación de sus excipientes. Con fecha 12 de julio de 1989, de la Dirección General de Farmacia y Productos Sanitarios (BOE número 179) existe una resolución por la que se dan normas para la declaración obligatoria de gluten presente como excipiente, en el material de acondicionamiento de las especialidades farmacéuticas. Esta resolución entró en vigor en el año 1991, de modo que los medicamentos fabricados en el año 1992 ya se ajustan a esta norma y mediante la lectura del prospecto puede saberse con certeza si contiene gluten o no. No obstante, en caso de duda o para más aclaraciones, debes consultar con tu médico o farmacéutico. Sin embargo, esto no es aplicable a otro tipo de productos que se vendan en farmacias o tiendas de dietética.

El Centro de Información del Medicamento (CINIME) nos proporciona cualquier información sobre medicamentos (contenido en gluten, descripción de excipientes, etc.).

Aditivos peligrosos para la salud

(Distribuida por el hospital de Villejuif,
CNP de investigación contra el cáncer)

Todos los aditivos que aparecen aquí debajo están autorizados en Francia. Frena su utilización seleccionando los productos que compras. Piensa en tus hijos: cópialo, repártelo, pégalo y, sobre todo, úsalo. ¡Te estás jugando tu salud!

- **Tóxicos cancerígenos**
  E102 – 110 – 120 – 124 – 127 – 131 – 142 – 210- 211 – 212 – 213 – 214 – 220 – 225 – 230 – 250 – 251 – 252 – 311 – **330** – 407 – 450.

  - *El más peligroso: ¡Evitarlo!*
  El E330 se encuentra en: Schweppes de limón, Canada Dry, determinadas limonadas, determinados aperitivos Banga, mostaza Amora, crema de queso La Vaca que Ríe.

- **Sospechosos (están bajo estudio)**
  E125 – 131 – 141 – 142 – 150 – 153 – 171 – 172 – 210 – 212 – 213 – 216 – 217 – 231 – 232 – 241 – 338 – 340 – 341 – 460 – 462 – 465 – 466 – 477.

- **Síntomas**

  Intestinos (molestias): E211 – 222 – 223 – 224 – 226
  Dermis (piel): E220 – 231 – 232 – 233
  Digestión (molestias): E330 – 339 – 340 – 341 – 400 – 461 – 463 – 466 – 467
  Cálculos renales: E447
  Destrucción de vitamina B12: E220
  Accidentes vasculares: E230 – 251 – 252 (charcutería)
  Colesterol: E320 – 321
  Sensibilidad cutánea: E311 – 312
  Aftas: E330
  Digestión (helados): E407

- **Evitar**

  Los caramelos La pie qui chante, la tarta Duval, los aperitivos Picon y Martín, la Coca-Cola.

***

Aditivos inocuos para la salud

E100 – 101 – 103 – 104 – 105 – 111 – 121 – 122 – 132 – 140 – 151 – 160 – 161 – 162 – 170 – 174 – 175 – 180 – 200 – 201 – 202 – 203 – 236 – 260 – 261 – 262 – 263 – 270 – 280 – 281 – 282 – 290 – 293 – 300 – 301 – 302 – 304 – 305 – 306 – 307 – 308 – 309 – 322 – 325 – 326 – 327 – 331 – 332 – 333 – 334 – 335 – 336 – 337 – 401 – 403 – 404 – 405 – 406 – 408 – 410 – 411 – 413 – 414 – 420 – 421 – 440 – 470 – 471 – 472 – 473 – 474 – 475- 480.

Fabricantes de productos sin gluten

Es preciso aclarar que estos productos garantizados sin gluten no son necesariamente biológicos y que algunos preparados pueden contener leche. Por lo tanto, deberás leer atentamente las etiquetas y eliminar aquellos que contengan leche, leche en polvo o mantequilla. La manteca de cacao está aceptada.

Sans gluten sans caseine shop

He descubierto este distribuidor al mismo tiempo que hacía mis búsquedas y descubrimientos.

Sus productos no tienen gluten, ni caseína, ni huevos, ni han sido manipulados genéticamente y no contienen aditivos. El responsable, que tiene un hijo autista, ha seleccionado una serie de productos aconsejables. Finalmente he podido elaborar un pan sin gluten sabroso y aireado gracias a *Mixe complet Bio*, compuesto por harina de arroz con un complemento de harina de guar y de fécula de arroz. ¡Riquísimo!

www.sansgluten.biz

Sans Gluten Sans Caseine Shop
Quartier Bon Rencontre
26270 Loriol-sur-Drôme
tél : 08 71 29 30 96

*****

GlutaBye – Soreda-Diet
2, Impasse des Crêts
F-74960 Cran Gevrier
Tel.: +33 (0)450 57 73 99
Página web: www.glutabye.com (en francés)
Correo electrónico: glutabye@wanadoo.fr

Sus productos responden a las prescripciones del Ministerio de Salud francés. La seguridad social reembolsa la mayoría de ellos (siempre que estén dentro del límite personal). Utilizan, esencialmente, la harina de arroz y fécula de patata. Sin embargo, hay que ir con cuidado, porque algunos productos contienen mantequilla, leche o queso.

*****

Dr. Schär Srl
Winkelau 9
I-39014 Burgstell Postal (BZ)
Tel.: +39 (0)473 293 300
Fax: +39 (0)473 293 399
Página web: www.schaer.com (en español)
Correo electrónico: info@schaer.com

La seguridad social también reembolsa estos productos. Sin embargo, se les puede reprochar que contienen espesantes, grasas hidrogenadas, leche o mantequilla. Eso sí, las pastas son excelentes y proponen una gran cantidad de productos.

*****

France AglutLabel Vie
Zome Industrielle
F-81450 Le Garric
Tel.: +33 (0)5 63 36 36 36
Página web: www.labelviesansgluten.com (en inglés y francés)

Es la marca más «biológica» de todas. Ha desarrollado una gama completa de productos biológicos sin gluten y sin lácteos. ¡La pasta de sopa de arroz y de maíz es excelente! La seguridad social también los reembolsa.

*****

Nature et Aliments/NatAli
23 rue de la Ville en Bois
F-44100 Nantes
Tel.: +33 (0)2 40 73 65 97
Página web: www.nature-aliments.com (en francés)

Su gama de productos se centra sobre todo en sopas, pastas vegetales y dulces a base de algas sin gluten y sin leche. También ofrecen una excelente levadura sin gluten para hacer pan sin gluten en casa.

*****

Sojami
Agropole
BP 109 Estillac
F-47931 Agen Cedex 9

Gama de productos biológicos a base de soja, arroz, almendras... Ha creado un «queso de soja» a base de leche de soja lactofermentada, que obtuvo un premio en 1996.

141

Direcciones y páginas web de utilidad

Caroline Jolivot es médica nutricionista gastronómica, como a ella le gusta llamarse, y como gran defensora de la agricultura biológica ha elaborado un protocolo en el que ha clasificado los alimentos que están estrictamente prohibidos y una tabla de alimentos e ingredientes que hay que consumir y los consejos prácticos que uno puede encontrar en Internet: www.pointinfobio.com.

He seleccionado algunas páginas web que te animo encarecidamente a que visites. La mayoría proponen numerosos enlaces que permiten ajustar la búsqueda. ¡Buen viaje por la red!

En francés

www.stelior.org
Es una página muy completa para formarse, estudiar, entender y degustar; es decir, contiene toda la información sobre el gluten y la caseína, además de soluciones prácticas. ¡De visita obligada!

www.hyperactif.net
Puede que aquí descubras el origen de la hiperactividad de tu hijo.

www.natama.fr
Si te sometes a un examen médico preventivo más detallados de tus eventuales intolerancias alimentarias, podrás obtener, en pocos pasos, menús personalizados con recetas adecuadas para cambiar tu alimentación.

En inglés

www.glutenfree.com
Numerosas recetas sin gluten.

www.gfmall.com
Lista de comerciantes de productos sin gluten.

www.nomilk.com
Recetas sin productos lácteos.

www.autism.org
Página siempre útil para conocer las causas alimentarias de las enfermedades psiquiátricas. La página ofrece una versión en español a partir de un enlace.

Laboratorios de análisis para detectar las intolerancias alimentarias

Laboratorios R-Biopharm
Parc d'affaires de Crécy
17, avenue Charles de Gaulle
F-69370 Saint Didier au Mont d'Or
Tel.: +33 (04) 78 64 32 00
www.intolsante.com

G.E.N.I.E
18, Rue des Commerces
Les Hauts de Vaugrenier
06270 Villeneuve Loubet
Tel.: +33 (0)4 93 312 177
www.genie-asso.fr

Para saber más, visita la página web de Laboratoires Réunis:
www.labo.lu

Principales laboratorios de suplementos alimenticios

Bionutrics
Quai de Rome, 33/34
B-4000 Liège
Tel.: +32 42 47 61 61

Mycoceutics (Dr. Bruno Donatini)
40, rue du Dr Roux
F-51350 Cormontreuil
Tel.: +33 (0)3 26 82 65 05

Nutergia
BP 52
F-12700 Capdenac
Tel.: +33 (0)5 65 64 71 51

La Royale
2, rue de Mondercange
L-4395 Pontpierre
Tel. (gratuito): 00 800 29 06 82 76

Le Stum
BP 543
F-56105 LORIENT CEDEX
Tel.: +33 (0)2 97 88 15 88

Parinat
04 bis, allée Charles V
94300 Vincennes
Tel.: 01 43 98 89 85

Asociación Francesa de Intolerantes al Gluten (AFDIAG)

Creada en 1978 con el nombre de Asociación de Enfermos Celíacos y rebautizada como AFDIAG (Asociación Francesa de Intolerantes al Gluten) en 1989, esta asociación (ley 1901) vela por los intereses de los enfermos celíacos o los padres de hijos celíacos y, en la actualidad, cuenta con aproximadamente 6.500 socios.
Está respaldada por un comité médico y trabaja en estrecha colaboración con el GERMC (Grupo de estudio e investigación de la enfermedad celíaca), reagrupando así a los grandes especialistas franceses de esta patología.

Para conseguir los datos de la delegación más cercana a su domicilio, puede contactar con:

Association Française des Intolérants au Gluten
15, rue de Hauteville F-75010 Paris
Página web: www.afdiag.org

Para los hispanohablantes, la página web de la Federación de Asociaciones de Celíacos de España es:

www.celiacos.org
c/ Hileras 4, 4º 12º
28013 Madrid
Tel.: +34 91 547 54 11
Fax: +34 91 541 06 64

Aunque también existen asociaciones locales en las distintas comunidades autónomas.

Función antigénica de la flora intestinal
(a cargo del doctor Laurent Hervieux)

La flora intestinal siempre ha estado muy subestimada, a pesar de que representa 10^{14} células. Recordemos que el ser humano está compuesto de 10^{13} células. Por lo tanto, la pregunta es obvia: ¿Quién alberga a quién?

Se suele asociar la noción infecciosa con las bacterias intestinales, aunque su función antigénica es tan importante en fisiología como en fisiopatología. Entre los enterocitos del intestino delgado existen células epiteliales especializadas, denominadas «células M», que reconocen a los antígenos bacterianos y virales y los presentan ante los plasmocitos para que estos últimos fabriquen los anticuerpos específicos del tipo IgM.

En las placas de Peyer, auténticos ganglios de la mucosa, existen linfocitos B, que se convertirán en plasmocitos en IgA para proteger la mucosa intestinal de bacterias, virus y antígenos alimentarios.

Cuando toda la flora está adherida a la pared intestinal, constituye una película protectora para la mucosa, que desarrolla una función de barrera frente a las bacterias potencialmente patógenas. El 99% de la flora dominante comprende bifidobacterias, bacteroides y lactibacilos. Casi el 1% está formado por colibacilos, enterococos y estreptococos: es la flora subdominante. La flora denominada residual constituye un $1^o/_{000}$ y es la que nos interesa porque tiene, por ejemplo, *Hafnia Alvei*, *Morganella Morgani*, *Alkaligenes*, *Providencia*, *Citrobacter Diversus* y *Candida Albicans*.

Cada bacteria presenta uno o más puntos antigénicos específicos, cosa que provoca la síntesis de anticuerpos específicos de los puntos antigénicos en IgM y/o en IgA. Así pues, si una bacteria posee varios antígenos, puede provocar la síntesis de varios anticuerpos distintos. A veces, varias bacterias tienen un punto antigénico en común y éste provoca la síntesis de un anticuerpo, que reconoce varias bacterias a la vez. El objetivo del sistema inmunitario es reconocer lo que pertenece al individuo, conocido como el «yo», aceptarlo y eliminar lo que no pertenece al organismo, conocido como el «no yo». Este trabajo se realiza con la ayuda del sistema HLA o antígenos leucocitarios humanos.

Para que los linfocitos los reconozcan, los macrófagos o los linfocitos presentan, conjuntamente, los antígenos a las moléculas codificadas por el sistema HLA. Ahora bien, se sabe que existe una semejanza parcial entre determinados puntos antigénicos bacterianos y las moléculas codificadas por el sistema HLA. Las consecuencias de esto son que, en condiciones particulares, el organismo sintetizará los anticuerpos bacterianos que, de este modo, se volverán en contra de las moléculas codificadas por el HLA, situadas por encima de las estructuras del individuo y que destruirán a estas últimas. Es la noción de antígeno común entre una bacteria y una molécula HLA: estamos hablando de una afección autoinmune.

Según la codificación HLA heredada de los padres, el individuo afectado fabricará anticuerpos contra determinadas estructuras:

- Las articulaciones, provocando una poliartritis reumatoide o una espondiloartritis.
- El páncreas, provocando una diabetes insulinodependiente.
- La tiroides, provocando una tiroiditis.
- La epidermis, provocando una soriasis.
- La funda de mielina de los nervios, provocando una esclerosis en placas.
- La junción nervio/músculo, provocando una miastenia.
- Las glándulas salivares y lagrimales, provocando un síndrome de Goujerot-Sjögren.
- La mucosa del intestino delgado, provocando la enfermedad de Crohn.

No he citado muchas otras afecciones autoinmunes. El tipo de HLA del paciente puede determinarse fácilmente a partir de una muestra de sangre analizada en un laboratorio especializado. Permite saber a qué tipo de predisposiciones está expuesto el paciente. Sin embargo, para que esta predisposición se revele clínicamente, tienen que darse unas circunstancias desencadenantes. Entre ella, las más importantes son: alimentarias (consumo excesivo de productos lácteos animales y de otros cereales que no sean el arroz), bacterianas, virales, derivadas de la vacunación, estrés o inmunodeficiencia.

Por desgracia, a menudo suelen detectarse varios de estos factores desencadenantes. Para ser eficaz y completo, el tratamiento deberá tener en cuenta el factor o factores reveladores descubiertos por el cuestionario o los análisis efectuados.

Una muestra de sangre permite conocer la existencia de anticuerpos antibacterianos intestinales en IgM y/o IgA. Dicha presencia, en el suero, es independiente de cualquier manifestación clínica intestinal. Por el contrario, una colopatía no tiene por qué ir obligatoriamente ligada a la presencia de anticuerpos antibacterianos. En función de este conocimiento, el homeópata prevenido podrá proponer un enfoque terapéutico adaptado a cada paciente, gracias a las diluciones homeopáticas de las bacterias incriminadas en la muestra de sangre.

Esto constituye el aspecto principal de la inmunoterapia a dosis infinitesimales que llevo desarrollando desde 1982, siguiendo el ejemplo de mi amigo el doctor Maurice Jenaer de Bruselas. Y poco a poco he podido ir estableciendo correlaciones con las bacterias, a veces con los virus, y con las codificaciones HLA precisas, que se han visto confirmadas posteriormente en publicaciones científicas internacionales.

A continuación, presento una lista de afecciones autoinmunes, su codificación HLA más clásica y la bacteria que posee una antigenicidad común:

- Espondiloartritis anquilosante (HLA B27): *Klebsiella Pneumoniae.*
- Poliartritis reumatoide (HLA DR 4): *Proteus Mirabilis.*
- Esclerosis en placas (HLA DR2): *Pseudomonas Aeruginosa.*
- Tiroiditis (HLA DR 3): *Yersinia Enterocolytica.*
- Reumatismo articular agudo (HLA B 35): *Estreptococo del grupo A.*
- Soriasis (HLA DR 7): *Estafilococo Dorado.*

Recuerda, por último, que:

- Varios gérmenes pueden provocar la misma afección.
- Un solo germen puede provocar afecciones distintas.
- Un anticuerpo puede encontrarse en varias afecciones.
- Una afección autoinmune se puede expresar en varios anticuerpos.

Esencialmente, todo depende de la codificación HLA del paciente, aunque también de la proporción de las distintas bacterias intestinales. Toda variación de dichas proporciones implica un desarrollo excesivo de una o varias especies de bacterias que se convertirán en patógenas o antigénicas.

A partir de estas nociones científicas, concluimos que el dogma de Pasteur (un germen = una enfermedad) ha quedado totalmente anticuado.

Asimismo, el uso de antibióticos porque sí o porque no no resuelve estas patologías autoinmunes, porque se trata de fragmentos de bacterias antigénicas y lo que está en juego no es su potencial infeccioso.

El objetivo de la inmunoterapia a dosis infinitesimales es aprender a controlar la flora, respetarla mediante una higiene alimentaria correcta, un estilo de vida sano y productos terapéuticos inocuos y eficaces.

BIBLIOGRAFÍA

D'ADAMO, P., *4 groupes sanguins, 4 régimes*, Éd. Michel Lafon, 2003. (Trad. esp.: *Los grupos sanguíneos y la alimentación*, Zeta Bolsillo, Ediciones B, Barcelona, 2005.)

GALOBARDES, M., *Les 7 piliers de la santé et du bien être*, Éd. SDC (Société pour le développement de la connaissance), 1987.

GRANT, S. F., y cols., «Genetic linkage between a polymorphism in the collagen I alpha 1 gene and bone mineral density a twin study», Harrogate Symposium, abstract, 1997.

GROSS y cols., «The presence of a polymorphism at the translation initiation site in the vitamin D receptor gene is associated with low bone mineral density in premenopausal Mexican-American women», *Journal of bone and mineral research*, 1996, 11, 1850-1855.

HERVIEUX, L., Dr., *La pratique de l'immunothérapie à doses infinitésimales*, 2 vols., Éd. Roger Jollois.

LEE, J., *Équilibre hormonal et progéstérone naturelle*, Éd. Sully. (Trad. esp.: *Progesterona natural: múltiples funciones de una hormona extraordinaria*, Editorial Oreneta, Salou, 2006).

LE BERRE, N., *Le lait, una sacrée vacherie*, Éd. Équilibres, 1990.

LE BERRE, N. y H. QUENNIEC, *Soyons moins lait*, Éd. Terre vivante, 2000.

MASSOL, M., «Allaitement maternel et lait de vache, à propos du développement du système nerveux et de l'immunité de l'enfant», *Aesculape* nº 10, enero-febrero 1998, 21-27.

MASSON, R., *Nutrition: la méthode Masson*, Éd. Roger Jollois, 2000.

NOGIER, R., *Ce lait qui menace les femmes*, Éd. du Rocher, 1997.

POURTALET, G., Dr., *Le corps a ses raisons que la médecine ignore*, Éd. du Dauphin, 2001.

RANCÉ, F., «Allergie alimentaire de l'enfant», *Le généraliste FMC*, nº 1.387, 20 febrero 1998.

SEIGNALET, J., Dr., *L'alimentation ou la troisième médecine*, Éd. François Xavier de Guibert, 5ª y última edición, 2004. (Trad. esp.: *La alimentación, la tercera medicina: cómo tratar enfermedades mediante una correcta alimentación*, Barcelona, RBA, 2004).

SIMONETON, A., *Radiations des aliments: ondes humaines et santé*, Éd. Le Courrier du Livre, 1971.

Marion Kaplan, nacida en París en 1956, hace treinta años que intenta comprender el origen de las enfermedades humanas, así como los medios para prevenirlas y curarlas.

Con el tiempo y a través de sus investigaciones (e intentando aliviar sus propios síntomas, los que ella misma relata en la introducción del libro), ha descubierto un método original de cocción al vapor que preserva la totalidad de los nutrientes vitales, al tiempo que elimina los alimentos grasos y las toxinas que sobrecargan y debilitan el organismo humano.

La Societé d'encouragement au Progrès (Sociedad de estímulo del Progreso) reconoció sus trabajos en 1989 y le hizo entrega, de manos del profesor Louis Leprince Ringuet, de la medalla de bronce y, en 2001, de la medalla de plata de manos del profesor Yves Coppens.

Desde entonces, Marion Kaplan no ha dejado de perseverar en este camino que sigue la antigua fórmula de *mens sana in corpore sano*. Ha escrito muchos libros sobre alimentación dentro de la línea abierta por la doctora Catherine Kousmine. Uno de los más recientes, *100 recettes traditionnelles de cuisine à la vapeur* [Cin recetas tradicionales de cocción al vapor] mereció el honor de que el profesor Henri Joyeux, del Instituto del Cáncer y de la Facultad de Medicina de Montpellier, prologara.

En la actualidad, Marion está cada vez más preocupada por la investigación de los mecanismos de enfermedad y curación apoyándose en las últimas biotecnologías. ¿Acabará revelándonos una nueva vía de comprensión de numerosas enfermedades?

ÍNDICE